Historia de los vikingos

Un apasionante recorrido por la era vikinga

© Copyright 2024

Todos los derechos reservados. Ninguna parte de este libro puede ser reproducida de ninguna forma sin el permiso escrito del autor. Los revisores pueden citar breves pasajes en las reseñas.

Descargo de responsabilidad: Ninguna parte de esta publicación puede ser reproducida o transmitida de ninguna forma o por ningún medio, mecánico o electrónico, incluyendo fotocopias o grabaciones, o por ningún sistema de almacenamiento y recuperación de información, o transmitida por correo electrónico sin permiso escrito del editor.

Si bien se ha hecho todo lo posible por verificar la información proporcionada en esta publicación, ni el autor ni el editor asumen responsabilidad alguna por los errores, omisiones o interpretaciones contrarias al tema aquí tratado.

Este libro es solo para fines de entretenimiento. Las opiniones expresadas son únicamente las del autor y no deben tomarse como instrucciones u órdenes de expertos. El lector es responsable de sus propias acciones.

La adhesión a todas las leyes y regulaciones aplicables, incluyendo las leyes internacionales, federales, estatales y locales que rigen la concesión de licencias profesionales, las prácticas comerciales, la publicidad y todos los demás aspectos de la realización de negocios en los EE. UU., Canadá, Reino Unido o cualquier otra jurisdicción es responsabilidad exclusiva del comprador o del lector.

Ni el autor ni el editor asumen responsabilidad alguna en nombre del comprador o lector de estos materiales. Cualquier desaire percibido de cualquier individuo u organización es puramente involuntario.

Índice

INTRODUCCIÓN 1
PRIMERA PARTE: LA ERA VIKINGA: PANORAMA GENERAL
(793-1066 E. C.) 3
    CAPÍTULO 1: ¿QUIÉNES ERAN LOS VIKINGOS? 4
    CAPÍTULO 2: ¿QUÉ FUE LA ERA VIKINGA? 14
    CAPÍTULO 3: LAS CONQUISTAS VIKINGAS 22
    CAPÍTULO 4: LA CAÍDA DE LOS VIKINGOS 31
SEGUNDA PARTE: LA VIDA VIKINGA NORMAL 39
    CAPÍTULO 5: ESTRUCTURA DE LA SOCIEDAD 40
    CAPÍTULO 6: LA VIDA EN LAS ALDEAS 47
    CAPÍTULO 7: LA LITERATURA Y EL ALFABETO RÚNICO 55
    CAPÍTULO 8: ARTE, DISEÑO Y ARQUITECTURA 63
TERCERA PARTE: GUERRA Y ARMAMENTO 71
    CAPÍTULO 9: LAS PRINCIPALES BATALLAS VIKINGAS 72
    CAPÍTULO 10: ARMADURAS Y ARMAS 79
    CAPÍTULO 11: BARCOS VIKINGOS 86
    CAPÍTULO 12: MÁS QUE GUERREROS - COMERCIANTES
    VIKINGOS 95
CUARTA PARTE: MITO Y MITOLOGÍA 103
    CAPÍTULO 13: COSTUMBRES, RITUALES Y RELIGIÓN 104
    CAPÍTULO 14: LAS GUERRAS DE LOS DIOSES 113
    CAPÍTULO 15: LOS NUEVE REINOS EN LA MITOLOGÍA
    NÓRDICA 120

CAPÍTULO 16: SÍMBOLOS Y POSESIONES DE LOS DIOSES NÓRDICOS 129
CONCLUSIÓN 137
VEA MÁS LIBROS ESCRITOS POR ENTHRALLING HISTORY 138
BIBLIOGRAFÍA 139

Introducción

Vikingos, guerreros, pueblos nórdicos, escandinavos. Estos son términos que se utilizan indistintamente para referirse a las personas que vivieron en la actual Escandinavia durante el apogeo de la era vikinga. No todos esos términos se aplican a los vikingos. Solo los que participaban en las incursiones eran vikingos porque iban «a vikinguear» («ir de expedición»). Sin embargo, los habitantes de Escandinavia y de otros lugares formaron parte de la experiencia vikinga colectiva.

Debido a sus asombrosos logros y atrevidas hazañas, los vikingos son uno de los grupos de personas más conocidos de nuestro pasado colectivo. Sus aventuras son fuente de inspiración. Un espíritu independiente dio a estos pueblos escandinavos la fuerza y la visión necesarias para explorar el mundo más allá de sus costas inmediatas.

Más allá de las incursiones y los saqueos, sus aventuras a vela forjaron increíbles artesanos. La construcción naval y las herramientas de navegación que desarrollaron demuestran su conocimiento del mundo natural que los rodeaba. Sus armas demostraban la misma curiosidad intelectual y la capacidad de crear artefactos bien fabricados y que respondieran a sus necesidades.

A menudo se describe a los vikingos como salvajes combatientes sin ley. Sí, ciertamente dejaron a muchos temblando a su paso. Pero una vez asentados en una zona de la que se apoderaban, los escandinavos traían respeto, lo que dio lugar a los inicios de una democracia. Tenían leyes que cumplían, castigos para los infractores y asambleas en las que los aldeanos participaban.

Los escandinavos tenían expectativas sobre cómo debía tratarse a cada persona. La ética del trabajo y una vida honorable eran algunas de las virtudes que ensalzaban. No eran perfectos, pero tampoco eran monstruos sedientos de sangre.

Dioses y diosas los guiaban en su camino. Un sistema de creencias profundamente arraigado daba sentido a sus vidas, y su creencia en una vida después de la muerte para los guerreros honorables en el Valhalla guiaba a los combatientes en la batalla. Los nueve reinos del mundo vikingo enmarcaban sus conexiones con sus deidades, antepasados y orígenes.

Comprender a quienes nos precedieron es importante para conocernos mejor a nosotros mismos. Puede que no estemos de acuerdo con todas sus creencias, pero enmarcar sus principios en su época es fundamental para conocer mejor esta cultura.

PRIMERA PARTE:
La era vikinga: Panorama general (793-1066 e. c.)

Capítulo 1: ¿Quiénes eran los vikingos?

El 8 de junio de 793 e. c. se produjo el primer ataque vikingo registrado en suelo europeo. Los vikingos se materializaron aparentemente de la nada y asaltaron brutalmente el monasterio de la isla de Lindisfarne, situada frente a la costa noreste de Inglaterra. Ese día comenzó la era vikinga y el terror que la acompañó.

La magia y la hechicería no fueron la causa de que los vikingos aparecieran de repente en aquella isla. Los arqueólogos han reconstruido lo que creen que son los orígenes de los vikingos, la cultura que se hizo tristemente famosa por sus temibles incursiones. Sin embargo, sus antepasados habían prosperado durante miles de años antes de la era vikinga.

Las formaciones del terreno resultantes de la Edad de Hielo hicieron que partes de la zona conocida hoy como Escandinavia fueran habitables para los primeros humanos. Esta transformación se produjo hace más de doce mil años y se clasifica como la Edad de Piedra. Durante miles de años, algunas zonas de Escandinavia estuvieron pobladas por cazadores y recolectores. Los pueblos antiguos emigraron desde la Europa moderna, Siria y Rusia.

Durante la Edad de Bronce, los antepasados de los vikingos desarrollaron habilidades para trabajar el metal. Se convirtieron en expertos en la fabricación de herramientas mucho más resistentes y capaces de realizar más tareas. Con el desarrollo de nuevas herramientas, se construyeron edificios más resistentes. De este modo, los cazadores y recolectores nómadas pasaron a dedicarse más a la agricultura. Además, hacia el 1700 a. e. c. empezó a surgir una sociedad más estructurada y jerarquizada.

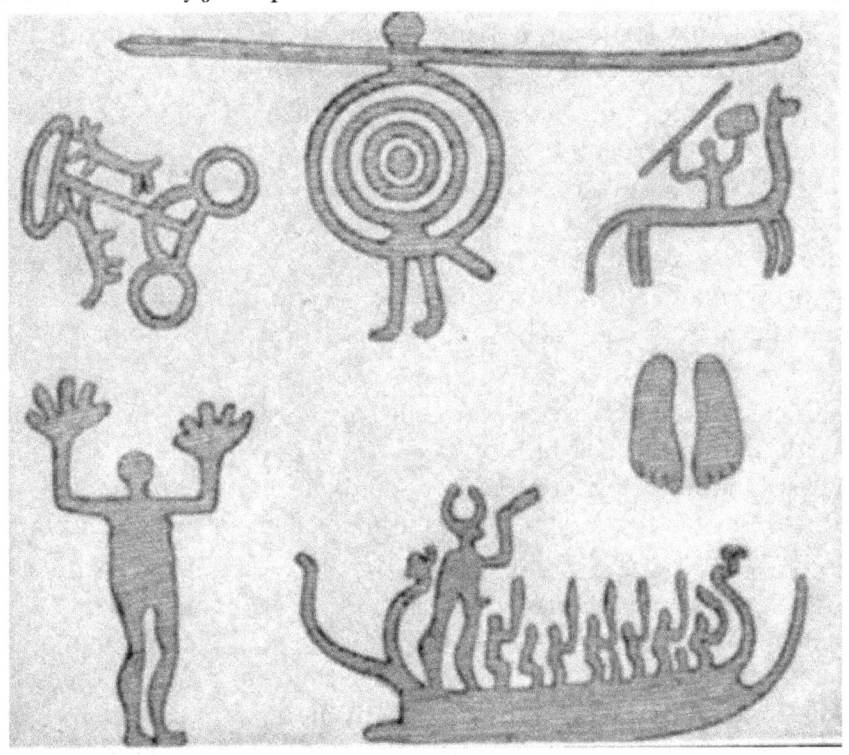

Escultura rupestre de Suecia
https://en.m.wikipedia.org/wiki/File:Scandinavian_Civilization_-_rock_carvings.jpg

Gran parte de la interpretación de cómo vivía la gente de la Edad de Bronce escandinava se ha proporcionado a través del análisis de los petroglifos, es decir, grabados rupestres. Al principio, muchos creían que los petroglifos habían sido grabados por los antepasados de los vikingos; sin embargo, investigaciones más actuales demuestran que los grabados datan de la Edad de Bronce. Esta nueva interpretación de las pruebas sugiere que las culturas comerciaban ampliamente entre sí durante la Edad de Bronce.

Para facilitar el comercio y las transacciones, los barcos transportaban a los compradores o vendedores y sus mercancías a otros países. Los nórdicos construyeron barcos de distintos tamaños. Por los dibujos rupestres, se cree que los barcos más grandes construidos por los antepasados vikingos tenían capacidad para una tripulación de más de cincuenta personas.

Debido al creciente comercio, otros países se familiarizaron con sus vecinos del norte. Se cree que Plinio el Viejo, un antiguo historiador romano, se refirió a las tierras de Noruega y Suecia como *Scatinavia* cuando describió los territorios que encontró. Más tarde, el explorador griego Piteas llamó a estas tierras *Scandiae*.

Los habitantes de las tierras conocidas como Escandinavia continuarían desarrollando su comercio con otros países durante la Edad de Hierro, que tuvo lugar entre 500 a. e. c. y 800 e. c. Los escandinavos prosperaron gracias al aumento del comercio con otras culturas y tierras durante esta época, incluido el Imperio romano. Algunos asentamientos de Escandinavia se transformaron en centros comerciales para satisfacer las necesidades de compradores y vendedores.

El hierro era aún más resistente que los metales utilizados durante la Edad de Bronce, y el nuevo metal transformó muchas sociedades antiguas. Durante la Edad de Hierro se asentaron más comunidades, en parte porque las herramientas de hierro facilitaban la agricultura y la construcción.

La aplicación del hierro fue más allá de su uso como utensilio para alimentar, vestir y dar cobijo a los habitantes. El hierro también se utilizaba para fabricar armas. Con la capacidad de producir fácilmente artefactos de hierro, los pueblos disponían de armas poderosas. La proliferación de armas de hierro provocó un aumento de las guerras.

Además, durante la Edad de Hierro se produjo la desaparición del Imperio romano de occidente. En 476 e. c., Roma cayó. Sin el fuerte gobierno de Roma que controlaba gran parte de Europa, surgieron conflictos regionales. Surgieron muchos reinos más pequeños que competían por el poder y la tierra. Ya no se mantenían las carreteras entre los pueblos, lo que dificultaba los viajes y el comercio. Las vías marítimas ya no estaban bajo el control del Imperio romano, lo que aumentaba el poder de los piratas y otras culturas.

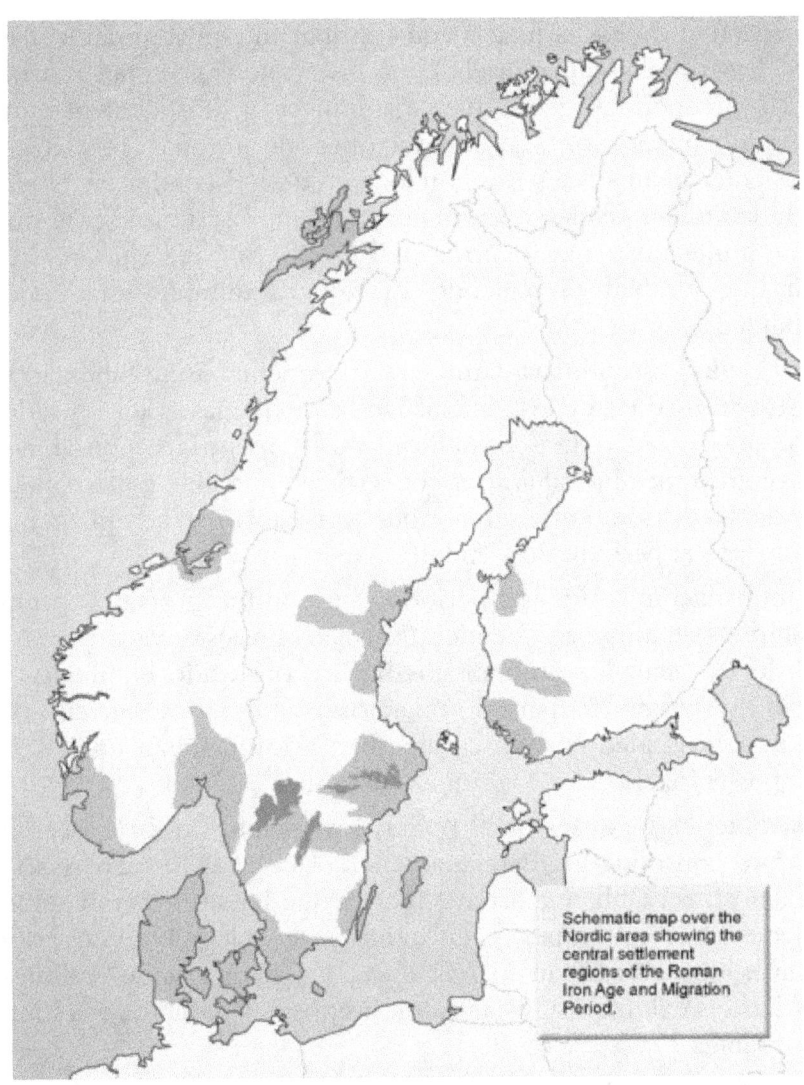

Mapa de los asentamientos escandinavos durante el periodo de las grandes migraciones
https://commons.wikimedia.org/wiki/File:Nordic_Settlements.gif

El periodo de las grandes migraciones contribuyó al declive y caída final del Imperio romano de occidente. Entre los años 300 y 700 de nuestra era, miles de tribus emigraron por toda Europa. Numerosas tribus germánicas, a las que se atribuye el colapso de Roma, remodelaron el paisaje político y cultural de Europa. La transformación de un gobierno centralizado en otro descentralizado provocó la formación de diversos pequeños territorios o reinos. El resultado fue una guerra continua entre los líderes.

El comercio de Escandinavia con Europa, antaño abundante, cayó en picado. Las pruebas encontradas por los arqueólogos sugieren que su riqueza y prosperidad económica disminuyeron drásticamente durante el periodo migratorio. Las excavaciones de tumbas revelaron que muchos enterraban sus tesoros con los muertos. Esconder los objetos de valor de la familia de esta manera apoya las teorías de agitación política, que era similar a lo que ocurría en Europa. Se cree que las familias sentían que estaban protegiendo su riqueza durante esta época de inestabilidad.

La sociedad escandinava también experimentaba inestabilidad social y su estructura se veía cuestionada. De las pequeñas granjas y aldeas se pasó a una sociedad más estratificada, con menos responsables. Las familias influyentes luchaban por convertirse en la élite gobernante. Esta época de transición entre el periodo migratorio y la era vikinga se conoce como el periodo de Vendel.

La información sobre este periodo y su nombre procede de antiguos cementerios situados en Vendel (Suecia). En este yacimiento y en Valsgärde (Suecia), los arqueólogos han reconstruido elementos de la sociedad que surgió del periodo migratorio y preparó el terreno para la era vikinga. Los ideales que se valoraban y fomentaban en esta época eran el prestigio, el poder y la riqueza material.

Para obtener y conservar el poder, los caciques o *jarls* ascendentes tenían que consolidarlo. Para mantener el control de una región, los gobernantes necesitaban guerreros fuertes que los protegieran a ellos y a sus bienes. Las reuniones y encuentros se celebraban en las casas comunales que construían los caciques. En estos grandes salones, los líderes locales exhibían su estatus con fastuosos banquetes y vestimentas deslumbrantes.

Se invitaba a los campesinos y comerciantes locales a las celebraciones y rituales religiosos. Estas muestras de grandeza elevaban el estatus del *jarl*. Los líderes también aprovechaban estos acontecimientos para demostrar la fuerza de sus guerreros. Con los continuos cambios de lealtades, una región y su *jarl* necesitaban combatientes poderosos para proteger a su pueblo y sus tierras. Los caciques tenían que demostrar continuamente su capacidad para derrotar a los atacantes. Cualquier signo de debilidad era perjudicial para la supervivencia del líder.

La construcción de fuertes y anillos de protección en las colinas comenzó durante el periodo Vendel. Estas estructuras fortificadas, generalmente circulares, almacenaban alimentos y animales. Los aldeanos se quedaban en los fuertes cuando sus hogares eran atacados. Y esto ocurría cada vez más a medida que los líderes vecinos luchaban entre sí por el dominio de la región.

Los objetos militares descubiertos en tumbas de toda la zona ilustran el arte del pueblo y su creciente veneración por los guerreros. Los cascos ganados por los guerreros demostraban el estatus de su destreza militar. Estos cascos estaban adornados con gemas preciosas e inscritos con escenas de mitos del pueblo escandinavo. Los cascos del periodo Vendel reflejan la evolución de las creencias y los objetivos de la época.

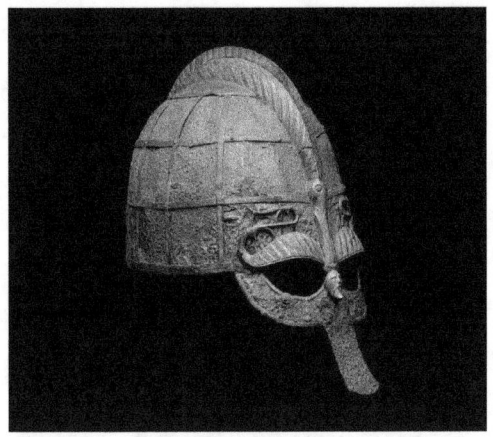

Casco del periodo Vendel
Ola Myrin/Statens historiska museum, CC BY 2.5
<*https://creativecommons.org/licenses/by/2.5*>, vía Wikimedia Commons
https://commons.wikimedia.org/wiki/File:Vendel_I_helmet_456059.jpg

Además de impresionantes cascos, los artesanos escandinavos eran hábiles trabajando con muchos metales. Los artesanos crearon obras en oro, bronce y hierro, y los comerciantes desempeñaron un papel decisivo en el resurgimiento del comercio, que se había tambaleado desde la caída de Roma. La capacidad de comerciar con bienes e importar tesoros de otras tierras aumentó el estatus del *jarl* o caudillo. Las victorias en las batallas, la ostentación de riqueza, la celebración de suntuosos banquetes en la casa comunal y la protección de los habitantes de la región garantizaban que el jefe conservara su posición de poder. El *jarl* necesitaba la longevidad y el apoyo de los lugareños si quería convertirse en rey.

La glorificación de los guerreros en la cultura escandinava anterior a la era vikinga puede encontrarse en el poema épico *Beowulf*. La única versión escrita conocida del poema data del año 1000 de nuestra era. Aunque se trata de uno de los primeros escritos anglosajones, el escenario del relato son las tierras de Escandinavia. Figuras históricas, como el rey danés Hrothgar, proporcionan a los investigadores una estimación de la época en que los bardos narraron el poema.

No hay pruebas de que Beowulf fuera una persona real. Tal vez fuera una recopilación de varios guerreros que comían, bebían y celebraban victorias en los grandes salones de los reyes escandinavos. Los narradores ambulantes contaban las increíbles hazañas de Beowulf mientras viajaban de pueblo en pueblo. El bien luchó contra el mal en la forma de Beowulf conquistando monstruos. Eliminó a Grendel, «una criatura de las tinieblas», así como a la madre de Grendel. Para salvar a los demás, Beowulf mató a un dragón, hecho que acabó con su vida.

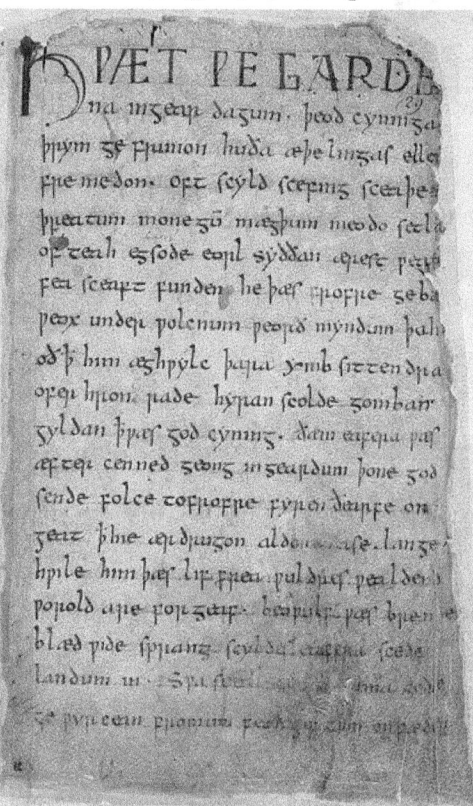

La primera página de *Beowulf*, fechada aproximadamente en el año 1000
https://commons.wikimedia.org/wiki/File:Beowulf_Cotton_MS_Vitellius_A_XV_f._132r.jpg

El saqueo y el pillaje característicos de la era vikinga quedaron reflejados en la historia de *Beowulf*. Las hazañas de Beowulf se convertirían en historias de guerreros reales que se enfrentaban al mundo.

Al principio de la era vikinga, los vikingos no se llamaban a sí mismos vikingos. Tampoco estaban unificados bajo los auspicios de un rey o líder. Cada región estaba separada en diferentes tribus o clanes. La gente era leal a su jefe local o *jarl*. La mayoría de los aldeanos vivían y trabajaban en sus granjas o como comerciantes. Los *jarls* eran los terratenientes libres de la sociedad escandinava que participaban en las incursiones vikingas. A los siervos y esclavizados se los llamaba *thralls*.

La vida de la gente seguía las estaciones y el ciclo de la agricultura. La primavera era la época de la siembra y las cosechas se recogían en otoño. Los inviernos, fríos y oscuros, eran tiempos de refugiarse en las casas comunales. Las historias de las hazañas estivales de comercio y pillaje se compartían en las hogueras invernales. Estos relatos perpetuaban la gloria de las incursiones y garantizaban que la secuencia se repitiera al verano siguiente.

Se desconoce el origen definitivo del término «vikingo», pero muchos investigadores creen que su raíz es la palabra nórdica *vík*. Otras palabras estrechamente relacionadas con *vík* son *víka* y *víkja*, todas ellas relacionadas con el mar. *Víkingr* se utilizaba para designar a un aventurero marinero en nórdico antiguo. Este término aparece en relatos, poesía y piedras rúnicas, escritas con el alfabeto rúnico. Estas inscripciones detallan las hazañas de la gente de la época. Cuando se esculpe el término *Víkingr*, se indica a un guerrero marinero, no a todo un grupo de personas.

Algunos de los afectados por las invasiones vikingas empezaron a referirse a las fuerzas atacantes como vikingos. *Wiccinga* o *Wiccingi*, que es la forma singular y plural de vikingo en latín, se ha descubierto en los escritos de los monjes que vivían en Inglaterra durante los ataques. Al principio, otros países llamaban daneses a los guerreros, aunque no todos los vikingos eran de Dinamarca. Los extranjeros, hombres del norte, *Majūs* por misteriosos e incomprendidos, paganos y otros apelativos han sido sustituidos por el término vikingo.

La mayoría de los escandinavos no eran vikingos y nunca participaron en ninguna incursión. Solo eran vikingos los que participaban en las aventuras de pillaje en el mar. Otros escandinavos viajaban como mercaderes, comerciando e intercambiando bienes de su tierra natal con los de otras tierras. Los comerciantes con los que se encontraban los escandinavos los llamaban hombres del norte o nórdicos para referirse a su región de origen.

Saga Oseberg, réplica de un barco vikingo
https://www.pexels.com/photo/close-up-of-the-saga-oseberg-8876097/

Durante casi trescientos años, los vikingos dominaron las vías marítimas. Cuando sus impresionantes barcos se acercaban, los gritos de «¡Vienen los vikingos!» o «¡Llegaron los vikingos!» enviaban oleadas de miedo y terror por toda la tierra.

Los vikingos desembarcaron en más de cuarenta países y territorios. Fundaron ciudades-mercado para comerciar con sus mercancías e iniciaron una red comercial mundial. Su influencia en las leyes y la inculcación de la justicia han tenido un impacto duradero. Su destreza en la construcción naval y su espíritu aventurero los llevaron a descubrir tierras desconocidas para ellos, como Groenlandia e Islandia. La tecnología escandinava les permitió llegar a Norteamérica antes que Cristóbal Colón.

Se han explorado numerosas teorías para determinar los acontecimientos que precipitaron a los vikingos a iniciar sus incursiones. La superpoblación, la falta de tierras de cultivo de calidad, el deseo de plata y el sentido de la aventura pueden haber contribuido a las incursiones. Independientemente de las razones, los vikingos tuvieron un impacto indeleble en las comunidades europeas, especialmente en Inglaterra. Tras el fin de los ataques por sorpresa a las aldeas, los vikingos introdujeron cambios en todos los niveles de la sociedad.

Capítulo 2: ¿Qué fue la era vikinga?

Los años comprendidos entre el 793 y el 1066 e. c. son las fechas típicamente asociadas a la era vikinga. En el año 793 se produjo la primera incursión vikinga documentada. Los vikingos atacaron Lindisfarne, un monasterio de la costa de Inglaterra.

Los vikingos eran famosos por sus repentinos y aterradores ataques a ciudades de toda Europa. Hicieron algo más que asaltar y saquear. Los vikingos también se asentaron en pueblos, ampliaron enormemente sus rutas comerciales y exploraron tierras hasta entonces desconocidas para ellos.

Especialmente al principio de la era vikinga, los vikingos no navegaban como un grupo cohesionado que representara a todos los actuales países escandinavos. Los escandinavos compartían una lengua común, ascendencia y habilidad en la navegación y la construcción naval. La geografía de su región determinó el desarrollo de su capacidad para construir barcos y atravesar vías fluviales.

Los habitantes de Suecia, Noruega y Dinamarca se enfrentaban a formaciones terrestres muy diferentes. Sin embargo, todos los territorios tenían cursos de agua, regiones densamente boscosas y montañas impenetrables.

Imagen de un fiordo noruego
https://unsplash.com/photos/W1FIkdPAB7E

Las vías fluviales incluían fiordos, que se formaban a partir de los glaciares. Los fiordos son ensenadas increíblemente profundas y ofrecen estrechas aberturas al mar. Están bordeados por laderas escarpadas de rocas que forman acantilados. Estas difíciles características topográficas hacían necesario el transporte fluvial como medio de transporte más eficaz.

Otras características topográficas de la tierra crearon una separación natural entre tribus. Los nórdicos de Noruega se enfrentaban a estrechas franjas de tierra cultivable entre los bordes de fiordos y montañas. Del mismo modo, Suecia se enfrentaba a pequeñas secciones de tierra fértil situadas entre vías fluviales y montañas. Las temperaturas más frías se sumaban a las dificultades de la vida agrícola. Dinamarca disponía de las mejores tierras para el cultivo y estaba bien situada para el contacto más allá de Escandinavia.

Estas condiciones geográficas desarrollaron fuertes lazos regionales en Escandinavia a medida que el pueblo se adentraba en la era vikinga. Algunas de estas circunstancias pueden haber fomentado la necesidad de explorar otras regiones. Se cree que diversos factores condujeron a las incursiones iniciales emblemáticas de la era vikinga. La destreza de los escandinavos en la navegación y la construcción de barcos contribuyó a la expansión del mundo escandinavo y al éxito de las incursiones.

El aumento de la población en los años anteriores a la era vikinga, junto con la escasez de tierras cultivables, puede haber sido uno de los factores que contribuyeron a las incursiones vikingas. Es probable que los jóvenes estuvieran dispuestos a navegar en los barcos vikingos con la esperanza de encontrar nuevas tierras que cultivar. La práctica de la primogenitura se sumaba a la complejidad de la escasez de tierras cultivables. En este sistema, el hijo mayor heredaba todo el patrimonio familiar. Los demás hijos de la familia quedaban sin tierras. Esto puede haber inspirado a los varones sin tierras que heredar a unirse a las expediciones.

Los terratenientes ostentaban el poder en las sociedades escandinavas. Sin embargo, para que una familia se diferenciara de otros terratenientes, tenía que amasar más riqueza de la que le hubiera proporcionado la agricultura por sí sola. Quien aspiraba a ser jefe local o *jarl*, tenía que buscar materiales obtenidos en otras tierras y países, lo que aumentaría su estatus. Las ropas finas, los tesoros inusuales, los banquetes suntuosos y una casa larga ornamentada mejoraban la posición y la importancia de la persona. Los bienes obtenidos de las incursiones vikingas proporcionaban a los nuevos terratenientes un medio para asegurarse más poder.

Las continuas luchas por el control y las alianzas cambiantes crearon agitación política. Los caciques trataban de añadir tierras a sus regiones de control. Los reyes perseguían un dominio aún mayor y se esforzaban por consolidar a varios caciques bajo su dominio. Los *jarls* que no querían ser controlados por un rey renunciaron a su poder. Estos *jarls* se unieron a los viajes vikingos y se establecieron en otras tierras. Algunos *jarls* fueron exiliados cuando perdieron una lucha por el poder; otros se marcharon voluntariamente para empezar de nuevo.

No solo los jefes deseaban la aventura. El espíritu de independencia y valentía de los escandinavos los llevó a dejarse seducir por el mar. Visitar tierras lejanas daba nuevas ambiciones a quienes buscaban escapar de su sociedad estructurada y estratificada. Regresaban a su patria con extraordinarias historias de nuevos mundos y bienes exóticos, lo que añadía un estatus inestimable a estos legendarios pioneros. Un beneficio añadido para los exploradores era la creencia en el Valhalla, el equivalente del cielo en la religión nórdica. Morir en combate garantizaba que el difunto sería escoltado al Valhalla por Odín, el dios nórdico de la guerra y los muertos.

Aunque no está claramente documentado, se cree que las primeras incursiones vikingas zarparon de Noruega y llegaron a Inglaterra e Irlanda en el año 750. En los años siguientes, los barcos zarpaban de Dinamarca y desembarcaban a menudo en el sureste de Inglaterra, los Países Bajos y Francia. Los vikingos que viajaban desde Suecia solían dirigirse al este, hacia el Báltico y Rusia. Se cree que durante los primeros años de las incursiones, los barcos seguían con frecuencia la línea costera. Sin embargo, gracias al talento de los vikingos, a su pericia en la construcción naval y a los avances de la tecnología náutica, los mares abiertos pronto se hicieron navegables.

Se cree que las incursiones exploratorias de los vikingos comenzaron en el año 750. Hay indicios de desembarco de barcos nórdicos en Kent y Wessex en 753 y 788 o 789, respectivamente, lo que apoya la teoría de que las incursiones se produjeron antes de 793. Durante las décadas siguientes, el norte de Inglaterra sufrió saqueos e incursiones a pequeña escala. La intensidad de las incursiones fue en aumento, y la primera invasión a gran escala documentada se produjo en el año 793. Para muchos, esta fecha marca el comienzo oficial de la era vikinga.

La *Crónica anglosajona* recoge información sobre las primeras incursiones y el ataque al priorato de Lindisfarne. Aproximadamente en el año 890, el rey Alfredo el Grande encargó el registro de los acontecimientos ocurridos en Inglaterra. La *Crónica anglosajona* relata los acontecimientos a partir del año 60 a. e. c.

La piedra del vikingo invasor recibe muchos nombres, como piedra de Lindisfarne o piedra del juicio final. Se cree que esta lápida representa los acontecimientos que tuvieron lugar aquel día de junio del año 793. La lápida fue descubierta en el priorato. Los grabados de la piedra representan a un grupo de guerreros con armas vikingas. El otro lado de la lápida muestra imágenes celestiales y figuras que parecen estar rezando. Las conjeturas implican que el lado de la piedra con guerreros representa a los vikingos que atacaron; la otra cara de la lápida representa a los monjes en oración.

Los escritos de Alcuino de York añaden validez a los detalles de la incursión que dio inicio a la era vikinga. Alcuino, conocido erudito, clérigo y educador de la escuela palatina en la corte de Carlomagno, fue contactado por carta por el obispo de Lindisfarne con detalles del ataque. En la respuesta de Alcuino a la correspondencia del obispo Higbald, expresa su dolor y horror por el espantoso asalto al monasterio.

Solo se conserva la carta de Alcuino. En ella incluye detalles sobre el ataque de los paganos, en referencia a los vikingos. También expresaba su sorpresa por el hecho de que el priorato pudiera sufrir un ataque debido a su lejanía del mar. Alcuino señaló que la iglesia de San Cuthbert, que estaba en Lindisfarne, fue profanada con la sangre de los monjes y saqueada de sus cálices, cruces y otros bienes que demostraban la devoción a Dios.

Aunque el ataque al monasterio conmocionó a los monjes y a otras personas, muchos investigadores no creen que fuera un acto aleatorio ejecutado por los vikingos. El priorato fue fundado por san Aidan en el año 634 e. c. y era muy conocido entre la comunidad cristiana. Los visitantes acudían con frecuencia a rendir culto.

Además de ser lugares de culto, los monasterios cristianos ofrecían espacios para el aprendizaje y la literatura. En estos lugares sagrados se guardaban colecciones de libros y manuscritos imborrables, a menudo copiados a mano por los monjes con bella caligrafía y ornamentadas decoraciones. En los prósperos monasterios se guardaban telas tejidas y bordadas a mano, cálices de oro y copas adornadas con gemas, que se utilizaban en ceremonias religiosas.

Como centro de culto, Lindisfarne floreció en 793. Sin embargo, el reino de Northumbria, donde se encontraba la isla santa de Lindisfarne, sufría una agitación en su liderazgo. En los 58 años que precedieron al ataque y durante casi una década tras la llegada de los vikingos, diez reyes diferentes dirigieron el territorio. Las continuas batallas entre rivales provocaron la deposición de cada rey.

Ominosas tormentas iniciaron el año para los habitantes de Northumbria, seguidas de una mortífera hambruna. Ambas parecían presagiar los catastróficos acontecimientos de junio de 793.

Los nórdicos navegaban a menudo por su ruta comercial habitual, que discurría a lo largo de la costa de Inglaterra. Esto proporcionó a los vikingos una familiaridad con el terreno de la zona, la agitación en curso en Northumbria, y la experiencia con la ruta marítima hacia y desde la isla santa. Se cree que los vikingos planearon su ataque al monasterio gracias a su profundo conocimiento de la situación.

Lo más probable es que en el asalto a Lindisfarne participaran tres o cuatro barcos con un total de más de cien vikingos. En sus incursiones, los vikingos navegaban en palangreros. Además de la velocidad, estos barcos podían desembarcar en las playas, lo que permitía a los vikingos atacar más fácilmente. Las proas, la sección delantera del barco que estaba por encima del agua, a menudo se tallaban para que parecieran dragones.

La mañana del 8 de junio del año 793, los monjes estaban durmiendo en la iglesia, rezando, iluminando manuscritos o labrando los campos. De repente, las campanas de la capilla sonaron, alertando a todos los habitantes de la isla. Los monjes miraron por encima de los muros del monasterio y oyeron el ruido de los barcos chocando contra las playas de arena. Pero lo único que podían ver eran las ominosas cabezas de dragón que los miraban.

Ruinas de Lindisfarne
https://pixabay.com/photos/ruins-lindisfarne-priory-lindisfarne-2021105/

Pero entonces vieron a los vikingos surgiendo de los barcos. Gritos de batalla rugieron de los guerreros musculosos mientras rodeaban el monasterio. Los monjes se dispersaron y se escondieron, pero fue en vano. Muchos miembros de la comunidad religiosa fueron masacrados durante el ataque. Algunos fueron hechos prisioneros. Antes de regresar a sus barcos, los vikingos saquearon la iglesia de San Cuthbert y el priorato. El saqueo se saldó con un tesoro de reliquias religiosas de oro y plata. Los invasores también se apoderaron de ornamentos de seda bordados y manuscritos adornados.

Lo inesperado y brutal del asalto alarmó e indignó al mundo cristiano. La isla santa era un lugar especialmente importante y simbólico para los primeros cristianos. San Aidan fundó el priorato de Lindisfarne en 635. Desde allí se difundieron las enseñanzas de la Iglesia. San Cuthbert fue enterrado en este lugar, lo que aumentó la importancia de su papel en la iglesia. Cuthbert era considerado el santo patrón de Northumbria y había sido obispo de la abadía. Conocido por realizar milagros como sanador, Cuthbert era venerado por los cristianos. Su tumba no fue destruida en la incursión, y su cuerpo fue trasladado posteriormente fuera de la isla.

La isla santa también guardaba otro tesoro de la Iglesia primitiva: los Evangelios de Lindisfarne. Eadfrith, obispo del priorato, dedicó al menos cinco años a la creación de este manuscrito medieval. Los Evangelios de Lindisfarne estaban llenos de impresionantes ilustraciones y una caligrafía impecable. Afortunadamente, estos evangelios sobrevivieron a la incursión de 793. Sin embargo, su cubierta repleta de piedras preciosas no lo hizo; se especula que la cubierta fue robada durante el saqueo.

Como el monasterio de Lindisfarne contenía tantos tesoros y tenía una historia tan rica, pudo sobrevivir y continuar su misión hasta 875. En esa época, los monjes abandonaron el monasterio debido a la continua amenaza de incursiones vikingas.

Para ser el primer saqueo organizado de los vikingos, tuvieron un éxito increíble. La obtención de plata y oro fue uno de sus probables factores de motivación, y seguramente obtuvieron esta riqueza durante la incursión. Esta nueva riqueza permitió a los vikingos que regresaban a casa obtener un nuevo estatus en su sociedad. Los que participaron en la incursión dispusieron de recursos para comprar sus propias tierras de labranza, lo que mejoró su rango. También servía de incentivo para que otros se unieran a las siguientes incursiones. Otro aspecto de la participación en las incursiones era la obtención de una prestigiosa reputación como guerrero vikingo.

Los asaltos vikingos a monasterios continuaron durante los siguientes veranos, tras los cuales aumentaron el número y la intensidad de las incursiones. La selección de los lugares de culto no se debía a que los vikingos fueran paganos; tendían a atacar santuarios remotos. A menudo, los habitantes, principalmente monjes y otros religiosos, no iban armados, lo que facilitaba el saqueo y la captura de personas para esclavizarlas. Los monasterios también contenían tesoros portátiles. Los artículos utilizados como parte de la liturgia y para el culto se fabricaban con metales codiciados.

Las primeras incursiones vikingas partieron de Noruega. Los primeros emplazamientos de los vikingos noruegos estaban situados a lo largo de la costa noreste de Inglaterra. Tras el ataque a Lindisfarne, al año siguiente, en 794, los monasterios gemelos de Monkwearmouth-Jarrow fueron asaltados, con el resultado de destrucción y saqueo. Al año siguiente, los vikingos saquearon San Columba en Iona. Los vikingos robaron cruces, vestimentas litúrgicas, cálices, candelabros y otras riquezas móviles de estos establecimientos religiosos.

A medida que más países escandinavos entraban en la era vikinga y se unían a la búsqueda de riqueza y poder, los ataques iban más allá de los monasterios. En el siglo siguiente, los vikingos conquistaron partes de Inglaterra y ampliaron su radio de acción al norte de Europa, Islandia y Groenlandia.

Capítulo 3: Las conquistas vikingas

En la década de 800, vikingos de toda Escandinavia participaron en incursiones. Los vikingos noruegos solían atacar Irlanda, Escocia y el noroeste de Inglaterra. Los daneses coincidieron con los noruegos en Inglaterra, pero también navegaron hacia los Países Bajos y Francia. Los vikingos suecos atacaron Rusia y las zonas situadas al este y al sur.

A principios del siglo IX continuaron las incursiones vikingas. Siguieron un patrón similar al que habían infligido a Lindisfarne y otros monasterios a finales del siglo VIII. A lo largo del siglo IX, la intensidad y el alcance de las incursiones aumentaron. A mediados del siglo IX, los vikingos empezaron a invadir y controlar países. Los vikingos se establecieron en muchos países. Construyeron fuertes que utilizaron como centros desde los que organizaban sus ataques. Además, a mediados del siglo IX, hay pruebas de que invernaban, lo que significa que los vikingos pasaban el invierno en casa.

Durante la época de las conquistas vikingas surgieron muchos líderes y guerreros famosos e infames. Las incursiones vikingas tuvieron ramificaciones duraderas. Su impacto se extendió desde las costas de Norteamérica hasta Groenlandia, París, Estambul (Constantinopla) y Kiev. Inglaterra, especialmente Northumbria, sufrió la mayor parte de los ataques.

Mapa del reino de Northumbria

Hogweard, CC BY-SA 4.0 <https://creativecommons.org/licenses/by-sa/4.0>, vía Wikimedia Commons; https://commons.wikimedia.org/wiki/File:Map_of_the_Kingdom_of_Northumbria_around_700_AD.svg

Ragnar Lothbrok o Lodbrok, que atacó en el siglo IX, era la encarnación del guerrero vikingo. Abundan las historias fantásticas sobre sus hazañas. Algunas de las afirmaciones son tan extraordinarias que se ha especulado sobre la veracidad de que Ragnar fuera una sola persona. Tal vez algunas de las historias sobre Ragnar se refieran a Ragnall, a un conjunto de personas o a una figura mítica. Muchos coinciden en que hay pruebas suficientes que apoyan las hazañas de Ragnar, ya que se hace referencia a él en la *Crónica anglosajona*.

Quienes vivían en Inglaterra, Irlanda y Francia a mediados del siglo IX temían al guerrero de fábula. Ragnar modificó las tácticas de los asaltantes que le precedieron. Además de saquear, se cree que Ragnar fue el primer incursor vikingo que intentó controlar la tierra y construir asentamientos.

Ragnar, hábil marino, navegaba con su flota de barcos largos o *långskip* por los ríos que se adentraban en la actual Francia. Estos barcos eran capaces de navegar por aguas menos profundas. Este diseño aumentó el alcance de las zonas que los vikingos podían atacar. Ya no necesitaban flotar en las aguas oceánicas cercanas a la costa. Aumentaron los ataques sorpresa a ciudades europeas, muchos de ellos dirigidos por Ragnar. El miedo a los vikingos se extendió por toda Europa, y la tecnología y la construcción naval vikingas aumentaron la destreza de los guerreros.

Los vikingos atacaron por primera vez el Imperio franco en 799. En los años siguientes, las incursiones fueron más frecuentes y de mayor alcance. Tras la muerte de Carlomagno en 814, se produjeron luchas internas por el control del vasto imperio. Los vikingos eran conscientes del vacío de poder y planearon sus incursiones en consecuencia. El Imperio franco sufrió al menos cinco incursiones importantes antes del asedio de París en 845. Tras una de las incursiones, el rey concedió tierras a Ragnar. Con el tiempo, el rey y Ragnar discutieron, por lo que Ragnar se vio privado de sus tierras. En su camino por el Sena hacia París, Ragnar y sus hombres se vengaron y saquearon Ruán.

Tras propulsar su flota de 120 barcos y más de 5.000 guerreros por el río Sena, comenzó el asedio de París. Fue el mayor asalto de Ragnar y los vikingos al Imperio franco. Consciente del asalto y en un intento de proteger la abadía de Saint-Denis, el rey Carlos el Calvo (Carlos II) separó su ejército en dos divisiones, estacionándolas a cada lado del río.

En respuesta, Ragnar atacó y derrotó al ejército situado a un lado del Sena. Los vikingos rindieron homenaje a su dios Odín. Para enviar un mensaje al rey y a sus tropas restantes, los vikingos capturaron a más de cien soldados. Después colgaron a los combatientes enemigos y los expusieron en una isla situada en el Sena.

Ragnar y sus guerreros se negaron a abandonar París hasta que recibieron más de siete mil libras de plata y oro del rey Carlos el Calvo. Se cree que el pago reembolsaba en parte a Ragnar por las tierras que Carlos le había arrebatado. Se trata del primer pago conocido a los vikingos por retirarse de una tierra que habían invadido. Los vikingos recibirían al menos doce pagos más de este tipo, denominados *danegeld*.

Ragnar cumplió el acuerdo y partió de París en cuanto recibió el pago. Sin embargo, mientras él y sus guerreros navegaban de vuelta por el Sena, saquearon muchas ciudades y monasterios. Las aventuras de Ragnar no terminaron en París. Continuó saqueando zonas de Inglaterra e Irlanda.

No se sabe con certeza la causa real de la muerte de Ragnar. Las leyendas cuentan que el rey de Northumbria arrojó a Ragnar a un pozo de serpientes venenosas. Las evidencias no corroboran del todo la historia, ni tampoco hay pruebas de que los hijos de Ragnar atacaran Inglaterra para vengar la muerte de su padre. Sin embargo, el legado de Ragnar creció gracias a los saqueos que sus hijos llevaron a cabo en Inglaterra.

Inwaer o Ivar el Deshuesado, Halfdan, Björn Ironside, Sigurd Serpiente en el Ojo, Hvitserk y Ubbe son los hijos de Ragnar que lideraron o estuvieron relacionados con el Gran ejército pagano. La leyenda asociada a su invasión de Inglaterra se centra en su búsqueda de venganza contra el rey Ælla. Una vez que los guerreros vikingos capturaron al rey, los hermanos supuestamente le aplicaron un ritual de águila de sangre.

Utilizando armas afiladas, los torturadores abrieron en canal la espalda de la víctima aún con vida, el rey Ælla. Luego le separaron las costillas de la columna vertebral. A continuación, los captores tiraron de las costillas del rey a través de la abertura para crear la forma de alas. Por último, sacaron los dos pulmones intactos de la víctima. Los pulmones se habrían colocado sobre las costillas para completar la creación de un águila. Los investigadores de esta horrible práctica creen que la víctima ya estaba muerta cuando se le extraían los pulmones.

Mapa que rastrea los avances del Gran ejército pagano

Hel-hama, CC BY-SA 3.0 <https://creativecommons.org/licenses/by-sa/3.0>, vía Wikimedia Commons; https://commons.wikimedia.org/wiki/File:England_Great_Army_map.svg

Independientemente de la motivación real de los hermanos para invadir Inglaterra, el Gran ejército pagano (también conocido como el Gran ejército vikingo) irrumpió en Inglaterra en 865. No se sabe con certeza si todos los hermanos lideraban las fuerzas, pero hay pruebas que apoyan que Ivar el Deshuesado y Björn Ironside eran miembros y líderes del formidable ejército.

Las estimaciones sobre el ejército oscilan entre más de mil combatientes y miles de vikingos de una coalición de fuerzas escandinavas. El ejército atacó Inglaterra cuando desembarcó en las costas de Anglia Oriental. A diferencia de otras invasiones, esta fuerza buscaba algo más que el botín. El Gran ejército pagano emprendió el objetivo de conquistar y controlar Inglaterra.

Se presume que el apodo de Ivar el Deshuesado es el resultado de una maldición. Aslaug, madre de Ivar y oráculo nórdico, compartió con Ragnar una visión que tuvo. Antes de casarse con Ragnar, la profecía de Aslaug le decía que ella y Ragnar no debían consumar su matrimonio hasta que él regresara de sus incursiones. Ragnar no escuchó su advertencia. Ivar nació con lo que se cree que era una enfermedad de huesos frágiles.

Sin embargo, su aflicción no suavizó las sanguinarias búsquedas de Ivar como vikingo. En su lugar, se contaban historias de cómo Ivar Ragnarsson luchaba como un *berserker*. Este subgrupo de guerreros vikingos, los *berserkers*, luchaban de forma frenética. Los *berserkers* dedicaban sus batallas al dios nórdico Odín. Creían que el espíritu del oso se unía a sus cuerpos y mentes, haciéndolos invulnerables. Algunos *berserkers* llevaban pieles de oso en la batalla; otros no llevaban nada y desnudaban su piel. Sus gritos y su intensidad hacían que los *berserkers* fueran más que temibles para sus oponentes.

Tras la conquista de Northumbria por el Gran ejército pagano, se hicieron con el control de York, que culminó con el devastador asesinato del rey Ælla. Pero Ivar codiciaba toda Inglaterra. En su camino hacia el control, Ivar y sus hombres dejaron muerte, destrucción y pavor a su paso. El reino de Mercia fue su desafío más difícil. Durante más de un año, los vikingos atacaron Mercia, pero fueron continuamente rechazados.

En 869, los vikingos lograron apoderarse del reino de Mercia. Los que habían luchado contra Ivar desde el interior de los muros protectores de Nottingham fueron brutalmente masacrados por su resistencia. El siguiente objetivo de Ivar fue el rey Edmundo y Anglia Oriental.

Edmund dirigió inútilmente sus fuerzas contra el Gran ejército pagano. Algunas leyendas cuentan que Ivar y sus invasores capturaron al rey. El violento asesinato de Edmund por parte de Ivar le valió al rey el estatus de mártir y santo. Ivar hizo atar al rey a un árbol en el pueblo de Hoxne. Edmundo fue golpeado salvajemente con palos porque se negaba a retractarse de sus creencias cristianas. Luego los vikingos dispararon a Edmundo hasta que su cuerpo se llenó de flechas. Finalmente, Ivar permitió que el rey muriera. Una vez muerto el rey Edmundo, los vikingos lo decapitaron. Como señal de falta de respeto, Ivar hizo que sus hombres arrojaran el cuerpo y la cabeza de Edmund a unos arbustos espinosos cercanos.

Los vikingos masacraron a otros supervivientes y saquearon casas y monasterios. Ivar controló Gran Bretaña e Irlanda. Ivar continuó con sus métodos destructivos hasta su muerte en 873. El liderazgo del Gran ejército pagano pasó a los hermanos de Ivar, que también eran hijos de Ragnar.

Imagen de Erik el Rojo
https://commons.wikimedia.org/wiki/File:Eric_the_Red.png

La familia de Ragnar Lothbrok no era la única empeñada en explorar. Naddoddr era pariente lejano de Erik el Rojo por parte de padre. Naddoddr zarpó de Noruega con el objetivo de establecerse en las islas Feroe en la primera parte del siglo IX. Sin embargo, él y su tripulación se perdieron en el mar y desembarcaron en la costa oriental de la actual Islandia. Los hombres no encontraron señales de vida humana tras explorar la tierra y finalmente regresaron a Noruega. Naddoddr compartió su historia y pronto otros se embarcaron para explorar Islandia, aunque el mérito del descubrimiento de la tierra recayó en Naddoddr.

Unas generaciones más tarde, Thorvald Asvaldsson, pariente lejano de Naddoddr, navegó de Noruega a Islandia. Sin embargo, el propósito de Thorvald no era buscar las islas Feroe y navegar sin rumbo. Thorvald fue desterrado de Noruega hacia 960 por el rey Haakon el Bueno debido a transgresiones que incluían múltiples asesinatos. Declarado culpable de homicidio involuntario, Thorvald se llevó a su familia, incluido su hijo Erik el Rojo, para cumplir su condena en Islandia.

La familia vivió en las tierras salvajes del oeste de Islandia. Con el tiempo, Erik Thorvaldsson (más conocido como Erik el Rojo) se hizo famoso como vikingo aficionado a la exploración. También era conocido por su carácter explosivo, como su padre. Con su pelo y barba rojo fuego y un temperamento a la altura, Erik el Rojo era temido por muchos.

El matrimonio de Erik con la acomodada Thjodhild Jörundsdóttir reforzó su papel como líder de la comunidad. La riqueza de su esposa incluía una serie de siervos o personas esclavizadas que aumentaban su estatus, y que Erik recibió como parte del matrimonio. El vecino de Erik, Valthjof, perdió su casa en un deslizamiento de tierras. La devastación fue atribuida a los recién adquiridos esclavos de Erik.

En represalia, todos los esclavos de Erik fueron masacrados por Eyiolf el Sucio, un pariente o amigo de Valthjof. Erik se tomó la justicia por su mano, negándose a esperar a que se reuniera el consejo gobernante o el *Althing*. Respondió asesinando a Eyiolf el Sucio y a Holmgang-Hrafn, este último implicado en el asesinato de sus siervos. Los parientes del clan Valthjof se indignaron. Erik el Rojo y su familia fueron expulsados de la comunidad. De tal palo, tal astilla.

Erik y su familia se trasladaron a la isla de Oxney, que no les resultó más pacífica. Erik tenía en su poder *setstokkrs*. Estas enormes vigas estaban inscritas con símbolos rúnicos nórdicos paganos que transmitían simbolismo religioso. El cuidado de las *setstokkrs* se encomendó a Thorgest, vecino de Erik. Sin embargo, cuando Erik quiso que le devolvieran las vigas, Thorgest se negó. De nuevo, en lugar de pedir ayuda al consejo local, Erik reclamó las vigas por la fuerza. En el enfrentamiento murieron dos de los hijos de Thorgest.

El consejo de la aldea debatió qué castigo debía infligirse a Erik. Por sus crímenes, Erik el Rojo fue expulsado de nuevo de la comunidad. Durante tres años, Erik no pudo vivir en Oxney ni en ninguna parte de Islandia. Cansado de las reglas de las comunidades vikingas de Islandia, Erik se hizo a la mar.

Cien años antes, un noruego, Gunnbjörn Ulfsson, había encontrado una gran extensión de tierra, hecho que Erik conocía. Erik navegó más de novecientas millas y se le atribuye el liderazgo del primer grupo que colonizó lo que hoy es Groenlandia. Establecieron su comunidad en un fiordo llamado Tunulliarfik. Durante el resto de su destierro, Erik exploró y cartografió Groenlandia. Al final de su destierro, Erik regresó a Islandia, tratando de animar a otros a unirse a él en la tundra helada que bautizó con el nombre de Groenlandia, con la esperanza de atraer a más colonos.

Los hijos de Erik el Rojo continuaron con el amor de su padre por la navegación y la exploración. Su hija, Freydis, tenía un temperamento similar al de él. Leif Eriksson es conocido por ser el primer europeo en llegar a las costas de Norteamérica. Unos quince años antes de que Leif navegara con una tripulación de unos 35 hombres, Norteamérica había sido avistada por Bjarni Herjólfsson cuando navegaba sin rumbo.

Estatua de Leif Eriksson

Sharon Mollerus, CC BY 2.0 <https://creativecommons.org/licenses/by/2.0>, vía Wikimedia Commons; https://commons.wikimedia.org/wiki/File:Leif_Erikson_Statue,_Duluth_(15290644106).jpg

Con esa información, la expedición de Leif desembarcó en Terranova, donde estableció su campamento base. Siguieron otras excursiones. Su hermano, Thorvald, y su tripulación vivieron en Vinland («Tierra del vino», nombre que proviene de las uvas de la tierra) durante al menos dos años. Thorvald murió en una batalla con los indígenas de la zona, convirtiéndose en el primer europeo en morir en Norteamérica. Thorstein, el tercero de los hijos de Erik, intentó recuperar el cuerpo de Thorvald. Sin embargo, las tormentas se lo impidieron.

En busca de las riquezas que ofrecía la tierra, el último varón vikingo de Groenlandia que dirigió una expedición a Norteamérica fue Thorfinn Karlsefni. Su asentamiento duró unos tres años, hasta que el comercio con los indígenas dejó de ser pacífico.

El último viaje a Vinland lo dirigió Freydis, la hija de Erik el Rojo. Las leyendas cuentan que Freydis navegó en colaboración con los comerciantes islandeses y sus tripulaciones. Otras cuentan que navegó con su marido y los hermanos de este. Los vikingos buscaban uvas en los increíbles viñedos y madera en los frondosos bosques. Independientemente de los hombres con los que navegara, Freydis era muy parecida a su padre. Tenía el corazón frío y era despiadada.

Abundan las leyendas sobre Freydis. Una de ellas es que, después de recoger lo que quería de la tierra, hizo que su jefe de tripulación asesinara a todos los hombres con los que no necesitaba volver a navegar. Ninguno de sus hombres quiso matar a las mujeres, así que Freydis lo hizo ella misma. Amenazó a su tripulación con la muerte si alguna vez compartían la historia de lo sucedido en Vinland. Finalmente, la historia fue revelada. Sin embargo, no fue desterrada, pero Freydis y su familia nunca fueron realmente aceptados después de que la verdad saliera a la luz.

Los vikingos nunca volvieron a navegar a Vinland. Se presume que la distancia, más de 2.200 millas, era demasiado difícil de recorrer. Muchas de las mismas riquezas que ofrecía Vinland podían encontrarse en Noruega. Además, Groenlandia carecía de población suficiente para mantener las aldeas de Norteamérica, sobre todo debido a la distancia y a los enfrentamientos con los indígenas.

Capítulo 4: La caída de los vikingos

Desde el explosivo comienzo de la era vikinga con el asalto al monasterio de Lindisfarne en 793 hasta 1066 con la batalla de Stamford Bridge, la aparición de un barco largo provocó conmociones en pueblos y ciudades. Al igual que ocurrió con la proliferación de las incursiones vikingas, el cese de las mismas se produjo de forma más gradual que terminando dramáticamente en una batalla final. Los pueblos denominados vikingos existieron antes y después de los años 793 y 1066.

Mapa de la expansión vikinga
https://commons.wikimedia.org/wiki/File:Viking_Expansion.svg

La mayoría de los habitantes de la actual Escandinavia nunca navegaron en barcos largos ni participaron en incursiones. Por ello, el final de la era vikinga no equivalió a su aniquilación como pueblo. Sin embargo, los días de incursiones, exploración y pillaje se desvanecieron en el siglo XI. Muchos factores en evolución contribuyeron a la desaparición de los vikingos como banda de guerreros.

Bajo el liderazgo de Canuto el Grande, también escrito Cnut y Knut, se produjeron las primeras etapas del cambiante panorama de las incursiones vikingas. De joven, Canuto participó activamente en las incursiones vikingas bajo la dirección de su padre, Svend o Svein Forkbeard. El estilo de incursión de Svend difería de las incursiones anteriores del siglo VIII y principios del IX. No se contentaba con saquear monasterios, sino que sus incursiones tenían objetivos más amplios.

Las violentas incursiones de Svend diezmaron gran parte de Inglaterra. Su rey, Etelredo (Æthelred), pagó a Svend *Danegeld*, un tipo de extorsión. Una vez que los vikingos recibían el dinero, se esperaba que se marcharan. Las fuerzas más grandes cumplieron, pero los grupos de asalto más pequeños continuaron saqueando las secciones del norte de Inglaterra. En represalia, Etelredo ordenó la matanza de todos los daneses en Inglaterra.

Una masacre en el día de San Brice en 1002 mató a la hermana de Svend. En una respuesta brutal, las fuerzas de Svend invadieron Inglaterra al año siguiente. Los invasores llevaron a cabo ataques despiadados. Durante años, las batallas se sucedieron entre ingleses (entonces conocidos como anglosajones) y vikingos. Una vez más, el rey Etelredo recurrió a pagar a Svend para que abandonara Inglaterra.

Las incursiones remitieron, pero no concluyeron hasta 1013, cuando los señores y nobles de Inglaterra cedieron. Declararon a Svend rey de Inglaterra y obligaron a Etelredo a exiliarse. Svend se convirtió en el primer rey vikingo de Inglaterra, añadiendo otro territorio a su control (también era rey de Dinamarca y Noruega). Este nuevo reino, conocido por los historiadores como Imperio anglo-escandinavo o Imperio del mar del Norte, duró solo unos treinta años. Svend solo gobernaría unas cinco semanas.

Tras la muerte de Svend en 1014, Etelredo salió del exilio. Con el apoyo de los nobles de Inglaterra, Etelredo restableció su reino. Esto obligó al ejército vikingo liderado por Canuto a abandonar suelo inglés.

Sin embargo, Canuto reagrupó su ejército e invadió Inglaterra. En 1016, Canuto controlaba gran parte de Inglaterra. Londres estaba gobernada por Edmund, hijo de Etelredo. Una vez que Edmund murió en noviembre de 1016, Canuto asumió el control de toda Inglaterra.

Canuto obtuvo el control de Dinamarca en 1019, y Noruega cayó bajo su liderazgo en 1028. Canuto fue implacable en su búsqueda de poder y control. Durante los primeros años de su reinado, Canuto gobernó a través del miedo. Sin embargo, creció hasta convertirse en un gran líder.

Canuto fue el primer rey que gobernó toda Inglaterra desde los tiempos del Imperio romano. Dirigió exitosamente sus reinos porque mezcló diversas culturas y pueblos en sus cortes. Reconoció y recompensó a quienes lo habían apoyado en Inglaterra, Dinamarca y Noruega. La unificación de estas tierras bajo su dominio cambió el curso de la historia para los vikingos.

Mapa del reino de Canuto

Soerfm, CC BY-SA 4.0 <https://creativecommons.org/licenses/by-sa/4.0>, vía Wikimedia Commons; https://commons.wikimedia.org/wiki/File:Canuto-north-sea-empire.png

A Canuto y a sus reinos ya no les beneficiaba que los vikingos saquearan y asaltaran Inglaterra. Canuto estableció rutas comerciales que beneficiaron a todos en el Imperio del mar del Norte. Las infraestructuras en sus diferentes dominios mejoraron enormemente. La población de sus reinos prosperó. A su muerte, en 1035, Inglaterra, Dinamarca, Noruega y partes de Suecia eran estables.

Otras zonas de Europa también experimentaron diferentes estilos de liderazgo. Este fue otro componente que influyó drásticamente en los vikingos y en su capacidad para asaltar otros países. En parte, el auge y el poder de los vikingos condujeron a la reestructuración de los gobiernos europeos.

Algunos líderes, como Carlomagno, intentaron unir reinos más pequeños en otros más grandes bajo un liderazgo central. Carlomagno gobernó el Sacro Imperio Romano Germánico. Sin embargo, esos esfuerzos se vinieron abajo tras su muerte. El vacío de un liderazgo unificado tras la desaparición del Sacro Imperio Romano Germánico permitió a los vikingos atacar y saquear tierras con mayor facilidad.

Poco a poco, el sistema de gobierno europeo y el ejército que lo sustentaba cambiaron en parte para hacer frente a la continua amenaza de las incursiones vikingas. El feudalismo fue uno de los factores negativos que condujeron al fin de la era vikinga, pero esta estructura de gobierno surgió para hacer frente a las acometidas de los vikingos.

Durante la Alta Edad Media, Europa no estaba delineada como hoy, con países o fronteras definidos. Los límites entre reinos eran a menudo difusos. El liderazgo centralizado, si existía, no era capaz de defender o proteger a todo el reino. Sin ejércitos formales ni milicias, las ciudades, aldeas y monasterios tenían que encontrar la manera de defenderse. La incapacidad del rey para proteger eficazmente su reino dio lugar al sistema jerárquico del feudalismo.

El control local de las zonas evolucionó hacia un sistema en el que los señores o nobles locales gobernaban la tierra. En el escalón más alto estaban los reyes y reinas. La realeza controlaba todas las tierras del reino. Sin embargo, el rey y la reina no podían proteger las vastas tierras que gobernaban. A cambio de proteger la tierra y de lealtad, el rey y la reina asignaban secciones o unidades de tierra llamadas feudos a un noble o señor.

El noble o señor gobernaba su feudo. A cambio de la tierra, los nobles se convertían en vasallos del rey y la reina, lo que significaba que les debían lealtad. Parte de su lealtad a la corona era el compromiso de proteger a la familia real.

Los caballeros constituían el siguiente escalón del sistema. Los nobles o señores cedían una parte de sus tierras a los caballeros. En lugar de tierras, recibían otras compensaciones, como dinero, vivienda o el equipo necesario para cumplir sus obligaciones militares. A cambio, los caballeros estaban obligados a proteger a los nobles. Los caballeros eran entrenados en operaciones militares y eran llamados a luchar en cualquier guerra para la que los nobles o el rey y la reina los necesitaran. Proteger el castillo o proporcionar una escolta segura a los nobles y a la realeza también entraba dentro de las obligaciones de los caballeros.

En los escalones más bajos de la sociedad feudal sobrevivían los campesinos y los siervos. Como los campesinos tenían movilidad y podían poseer tierras, estaban por encima de los siervos. Los siervos estaban atados a la tierra y eran comparables a los esclavos, aunque tenían más derechos. Las funciones de los siervos eran labrar la tierra y suministrar productos. A cambio de su trabajo en el campo, los siervos estaban protegidos por la milicia del señor.

Este intrincado sistema vinculaba a cada uno de los estamentos de la sociedad entre sí. La división de vastos reinos en secciones manejables que se controlaban localmente proporcionaba protección frente a los vikingos. Se formaron y entrenaron milicias para que pudieran defender sus tierras y a su gente. En otras zonas, las ciudades se alejaron de las orillas de ríos y océanos. Los monasterios fueron reubicados o se construyeron torres en las que se podían esconder objetos de valor y montar defensas. Las ciudades y pueblos europeos dejaron de ser objetivos fáciles para los barcos largos. Para los vikingos, estos obstáculos redujeron la rentabilidad y la facilidad de las incursiones.

Las transformaciones de las tierras natales de los vikingos también afectaron a sus exploradores y a su capacidad para continuar sus incursiones y expansiones. Al igual que en el resto de Europa, las fronteras de los países escandinavos siguieron cambiando a lo largo del siglo XI. Durante este periodo, Dinamarca, Suecia y Noruega empezaron a evolucionar para convertirse en reinos separados. A medida que los reyes escandinavos unificaban sus tierras, la cultura de participar en incursiones vikingas empezó a perder apoyo.

La sociedad al principio de la era vikinga no era tan jerárquica como el sistema feudal que empezó a expandirse por Europa. Los primeros incursores solían ser jóvenes campesinos que viajaban en busca de aventuras y riqueza. A su regreso, los antiguos incursores se establecían en sus granjas y formaban una familia. Con la formación de gobiernos más centralizados en las tierras escandinavas y el desarrollo de la estratificación de la sociedad, estos jóvenes ya no tenían la libertad de unirse a las incursiones.

La fecha utilizada por muchos como la caída de los vikingos fue la batalla de Stamford Bridge. Esta batalla fue otro factor que contribuyó a la desaparición de los vikingos. Tras la muerte de Canuto, su hijo, Harold Harefoot, se convirtió en rey de Inglaterra. Su reinado fue breve y murió menos de cinco años después de asumir el trono. Otro de los hijos de Canuto, Hardeknud, fue nombrado rey; su mandato duró poco más de dos años antes de su muerte. Antes de morir, Hardeknud nombró sucesor a Eduardo el Confesor, hijo del rey Etelredo. En 1042, Eduardo el Confesor se convirtió en rey de Inglaterra.

Y entonces las cosas se complicaron. Cuando Eduardo murió en 1066, no tenía heredero directo, lo que dio lugar a una disputa sobre quién debía sucederle. Tres de los principales pretendientes consideraban que tenían derechos válidos al trono. A algunos se les hicieron promesas; las conexiones familiares hicieron a otros candidatos viables, y la política puso a otros sucesores en liza. Uno de los aspirantes era Harold Godwinson, conde de Wessex, cuñado de Eduardo. Guillermo de Normandía era primo hermano de Eduardo. Y por último, estaba Edgar, el hijo de Eduardo el Desterrado, que pertenecía a la estirpe familiar, pero era muy joven.

La batalla de Hastings resolvió finalmente la disputa entre Harold Godwinson y Guillermo de Normandía. No se sabe con certeza si Eduardo el Confesor tenía alguna preferencia sobre quién debía sucederle. Sin embargo, antes de ese enfrentamiento final, hubo una complicación con otro contendiente, Harald Haardrade, que era el rey de Noruega y descendiente del rey Canuto. Uniéndose y animando a Harald Haardrade en su persecución de la corona de Inglaterra estaba Tostig Godwinson, hermano de Harold, que había sido exiliado por su hermano y buscaba recuperar el poder. En 1066, el rey Harald Haardrade y Tostig lideraron una armada de trescientos barcos repletos con más de diez mil guerreros. En su camino hacia la batalla con el rey Harold, los vikingos lucharon victoriosamente contra Edwin y Morcar, condes de Mercia y Northumbria, respectivamente.

Excesivamente confiados debido a sus recientes éxitos, los vikingos no estaban totalmente preparados para la batalla. En la batalla de

Stamford Bridge, Tostig y Harald murieron. Los vikingos fueron diezmados. Hubo tan pocos supervivientes que los vikingos solo necesitaron veinticuatro de los trescientos barcos que utilizaron para navegar hacia Inglaterra.

El rey Harold de Inglaterra y sus tropas mermaron enormemente la capacidad de los vikingos para seguir infligiendo su reino de terror. Sin embargo, la victoria de Harold fue efímera en parte debido a los éxitos iniciales de los vikingos en la batalla de Stamford Bridge.

Otro líder de ascendencia vikinga también se proclamó rey legítimo de Inglaterra. Guillermo el Conquistador, pariente lejano de Rollo, que se convirtió en el primer gobernante de Normandía, afirmaba que su primo, el rey Eduardo el Confesor, le había prometido el trono. Guillermo y sus fuerzas de Normandía invadieron Inglaterra en respuesta a que Harold no reconociera sus pretensiones. En la batalla de Hastings, las tropas normandas mataron al rey Harold Godwinson y derrotaron a las tropas inglesas en octubre de 1066. Guillermo fue coronado rey de Inglaterra el día de Navidad de 1066.

Después de obtener el reinado, Guillermo se enfrentó a numerosas batallas y desafíos a su liderazgo antes de conquistar toda Inglaterra. Guillermo buscaba el control total de Inglaterra para proteger su nuevo reino de las invasiones, y derrotó a sus oponentes. Una de sus últimas conquistas fue contra el rey Svend II de Dinamarca.

Esta última incursión vikinga comenzó en 1069. Las fuerzas inglesas opuestas a Guillermo solicitaron la ayuda del rey Svend. El rey danés envió a sus vikingos a cargo de sus hijos y de su hermano, Asbjørn, para unirse al príncipe Edgar Atheling, bisnieto de Etelredo II, y atacar la costa de Inglaterra y la ciudad de York. Tuvieron un éxito temporal en su toma de York; sin embargo, una vez que Guillermo y sus fuerzas llegaron al lugar, los rebeldes y los vikingos fueron expulsados. Aun así, los vikingos huyeron con los tesoros que saquearon.

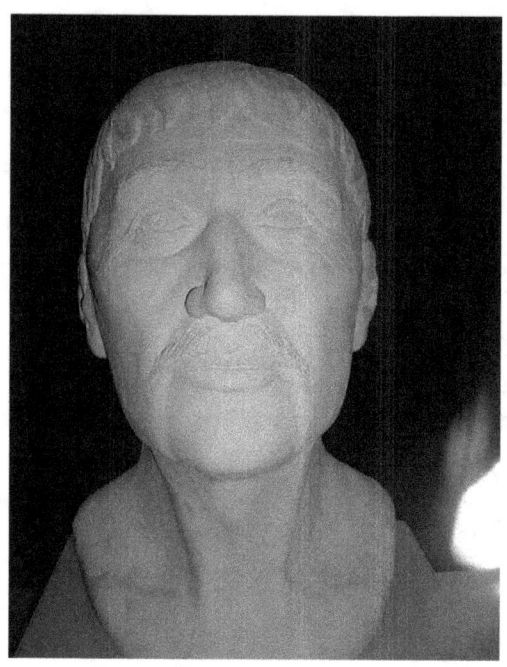

Estatua del rey Svend II
Arne Kvitrud, CC BY-SA 4.0 <https://creativecommons.org/licenses/by-sa/4.0>, vía Wikimedia Commons;https://commons.wikimedia.org/wiki/File:Svein_Estridssons_hode.JPG

En un intento por evitar que los vikingos regresaran, Guillermo se vio obligado a pagarles y recurrió al *danegeld*. Pasaron el invierno hasta que llegaron refuerzos, liderados por el rey Svend II. Los vikingos unieron fuerzas con otro líder anglosajón rebelde, Hereward. Siguiendo las normas vikingas, asaltaron la abadía de Peterborough. Sabiendo que no derrotarían a Guillermo, los vikingos tomaron sus tesoros y zarparon.

Ya no aparecerían repentinamente naves vikingas a las orillas de los monasterios en busca de oro y tesoros como antes. Los vikingos se reincorporaron a sus tierras natales como agricultores y artesanos. Los asaltos dejaron de ser rentables debido a la dinámica cambiante de las estructuras y normas sociales en los países escandinavos y europeos.

SEGUNDA PARTE:
La vida vikinga normal

Capítulo 5: Estructura de la sociedad

La mayoría de los habitantes de la era vikinga no participaban en incursiones. Durante esta época, la mayoría de la gente vivía en ciudades y pueblos de Escandinavia. Los guerreros que sí participaban en los saqueos regresaban a casa con sus familias. Su mundo estructurado ha sido reconstruido a partir de pruebas descubiertas por arqueólogos y otras sociedades que escribieron sobre los vikingos.

En muchas representaciones de este mundo, había cuatro niveles separados. En la cúspide de la pirámide estaban los miembros de la realeza, reyes y reinas. Esta clase surgió como un grupo más poderoso a medida que avanzaba la era vikinga.

Los nobles y *jarls* formaban la siguiente clase de la sociedad. Dentro de este grupo se encontraban los caciques y líderes militares que poseían grandes propiedades. Los *jarls* solían reclutar su propia milicia para proteger sus tierras. Para fomentar la lealtad, los *jarls* organizaban fastuosos banquetes y festivales en honor a los dioses y para celebrar las victorias militares y las cosechas.

La mayoría de la población de la era vikinga pertenecía a los *karls* o hombres libres. Comerciantes, artesanos, trabajadores calificados y agricultores formaban este grupo. Este grupo, con sus hábiles constructores de barcos, era esencial para el éxito de las incursiones vikingas. La cuarta clase de la sociedad vikinga eran los esclavos, que realizaban los trabajos más duros en las granjas. Sin ellos, las granjas no habrían sobrevivido.

Se nacía en esta clase, pero existía cierta movilidad para ascender o descender en función de la contribución o no a la sociedad. Por ejemplo, si un *jarl* perdía sus tierras o riquezas, se convertía en *karl*. Para proteger su estatus en la sociedad, muchas personas estaban dispuestas a luchar para conservar su nivel de clase. También se infligía violencia a las personas que no demostraban el debido respeto por alguien de un nivel social superior.

La estructura de la sociedad vikinga puede encontrarse en un antiguo mito. En el poema *Rígsthula*, los escandinavos hablaban de las clases. Como ocurre con muchas historias de hace tanto tiempo, existen diferentes versiones. En algunas representaciones, Ríg y sus descendientes formaron una sociedad de cuatro niveles; en otras iteraciones, Ríg creó un mundo con tres clasificaciones.

El dios Heimdal se disfrazó de Ríg y viajó a este mundo, también llamado Midgard o Tierra Media. Durante su estancia en la Tierra, Ríg se alojó en casa de tres familias diferentes durante tres noches. Durante su visita, Ríg durmió entre los cabezas de familia de cada familia. De estas relaciones nacieron varios hijos. Estos niños fueron los antepasados de cada clase social.

Ríg en la casa del bisabuelo

https://commons.wikimedia.org/wiki/File:Rig_in_Great-grandfather%27s_Cottage.jpg

La primera parada de Ríg en la Tierra Media fue una pareja empobrecida, Ái (bisabuelo) y Edda (bisabuela). Aunque eran pobres, la pareja compartió con Ríg su escasa vivienda y comida. Nueve meses después de la visita de Ríg, Edda dio a luz a Thrall, que se cree que significa «Esclavo». Realizaba algunas de las tareas más laboriosas en las tierras de Ái y Edda. Más tarde, Thrall conoció y tuvo hijos con Thír.

Thrall, Thír y sus hijos eran físicamente descuidados. Todos realizaban tareas que requerían trabajo manual.

Tras la primera parada de Ríg en la Tierra Media, conoció a Afi (abuelo) y Amma (abuela). Esta pareja vivía en una granja modesta pero limpia. Al igual que en su primera visita, Ríg se quedó tres días y tres noches. Cada noche dormía entre Afi y Amma. Karl, que significa hombre libre, nació de Amma nueve meses después de que Ríg se quedara con la pareja. Karl ayudaba a Afi y Amma en la granja. Se casó con Snør (nuera), con la que tuvo hijos de los que descendieron campesinos.

En su última visita, Ríg se detuvo en una gran casa bellamente decorada. Le invitaron a cenar con Fadir (padre) y Módir (madre). Invitaron a Ríg a espléndidos banquetes. Ríg dormía cada noche entre Fadir y Módir. Nueve meses después nació Jarl (conde). Jarl aprendió a comunicarse con las runas, a fabricar y utilizar armas, y a luchar en las guerras. Debido a su destreza como guerrero, Jarl fue recompensado con la propiedad de dieciocho granjas.

Jarl se casó con Erna, con la que tuvo varios hijos. Su hijo menor, Konr (rey), fue el antepasado de la realeza vikinga. La época de Ríg en Midgard dio origen a los estamentos de la sociedad vikinga. Tuvo tres hijos, cada uno de los cuales inició el linaje de la clase de los *thralls*, *karls* y *jarl*s. Su nieto, Konr, fue el primer rey de las tierras nórdicas.

Los reyes no se elegían por su linaje, ni eran una fuerza poderosa al principio de la era vikinga. A lo largo de la era de los vikingos, los países de Dinamarca, Noruega y Suecia surgieron como entidades separadas. Con la evolución de su estructura, también cambió el papel de los reyes y reinas.

Durante la era vikinga, la realeza nórdica debía ser valiente, demostrar liderazgo y ser fieros guerreros. La mayoría de los reyes vikingos eran elegidos entre los jefes locales. Se los elegía por sus logros. La riqueza también contribuía a su poder, ya que los jefes podían financiar más hombres para su ejército. La capacidad de crear y mantener lazos de lealtad era importante para que los jefes mantuvieran su papel y fueran elevados a la realeza.

La lealtad al rey o al cacique también era importante. Sin lealtad, era difícil para un líder proporcionar protección a su reino. El área sobre la que gobernaba un rey en la era vikinga no coincide con las fronteras actuales de ninguno de los países escandinavos. Los dominios sobre los que gobernaban los reyes eran compilaciones de pequeños reinos y diversos cacicazgos. Su capacidad para mantenerse en el poder requería frecuentes batallas con otros líderes locales.

A medida que la era vikinga y el alcance de los vikingos crecían, el papel de la realeza cambiaba. Los reyes se convirtieron en líderes de territorios y pueblos cada vez más extensos. Con una base de poder más centralizada, pudieron reclutar a más hombres para unirse al ejército. Al no existir un linaje de la realeza al principio de la era vikinga, dependían en gran medida del apoyo del pueblo al que gobernaban. La lealtad de los guerreros se basaba a menudo en lo mucho que el rey compartía con ellos festines, armas y alianzas mutuas. Los líderes que no eran generosos con sus riquezas eran susceptibles de ser derrocados.

Debido a su riqueza y poder, los condes o *jarls* se convirtieron en una clase influyente en la sociedad vikinga. Muchos reyes surgieron de este grupo. Los condes solían ser terratenientes, comerciantes de éxito o mercaderes. Los condes utilizaban métodos similares a los de los reyes: recompensaban a quienes trabajaban sus tierras con celebraciones en torno a la comida y la bebida. Los condes también compartían los tesoros de las incursiones vikingas para asegurarse la lealtad de los que vivían en sus dominios. Estos poderosos hombres no se limitaban a consentir a los aldeanos para mostrar su riqueza, sino que esperaban la lealtad de los hombres libres para unirse a ellos en las batallas o en las incursiones vikingas.

Al principio de la era vikinga, había más *jarls* que reyes. Controlar pequeñas propiedades era más fácil que controlar grandes reinos. Además, cuando los vikingos se asentaban en las nuevas tierras que conquistaban, eran gobernados por condes. Los poderosos *jarls* buscaban tierras que pudieran gobernar durante sus incursiones. Una vez al mando de las tierras que capturaban, los nuevos líderes podían imponer las reglas que consideraban importantes.

Ni los reyes ni los condes podían mantenerse en el poder sin el apoyo de los *karls* o los hombres libres. Este tercer nivel de la sociedad vikinga libraba batallas con los condes cuando intentaban conquistar tierras vecinas. Seguían a sus *jarls* en los barcos para participar en incursiones y colonizaban las tierras capturadas en otros países.

La mayoría de los miembros de esta clase eran granjeros. Por ello, las primeras incursiones se planeaban en torno a las temporadas de siembra y cosecha. En estas expediciones de saqueo, los *karls* debían proporcionar su propio armamento. Los *karls* necesitaban escudos, lanzas y hachas. A diferencia de los *jarls*, los *karls* no estaban entrenados para el combate. Los *jarls* también entraban en combate mejor equipados. Solo los guerreros ricos tenían lanzas y ropas protectoras que llevar a la batalla.

Réplica de una granja de la era vikinga
Mark Voigt, CC BY 3.0 <https://creativecommons.org/licenses/by/3.0>, vía Wikimedia Commons; https://commons.wikimedia.org/wiki/File:The_Viking_Farm,_Avaldsnes_05.2010_-_panoramio_(1).jpg

Aunque los *karls* eran hombres libres, dependían en gran medida de sus líderes locales. Los condes o los reyes protegían a los *karls*. Además, los dos niveles superiores de la sociedad también controlaban la riqueza. Los ingresos de los *karls* procedían de las incursiones, pero la cantidad la determinaban los líderes. Además, si los reyes o los condes necesitaban aumentar sus ingresos, podían controlar la cantidad de bienes que vendían los mercaderes. También podían exigir tributos o dinero de protección para permitir la entrada de mercaderes y comerciantes en sus tierras.

Como hombres libres, los *karls* podían poseer sus propias tierras. Si no podían comprar sus tierras, podían alquilarlas a los reyes o condes. Podían elegir vivir donde quisieran. Los *karls* también podían elegir si querían fundar su propia familia o negocio.

A cambio de su libertad, los *karls* debían prestar juramento para comprometerse con el *jarl* o el rey local. Este juramento debía hacerse al llegar a la edad adulta. Esta lealtad también significaba que los *karls* tenían que luchar en nombre del *jarl*. Cada vez que el *jarl* necesitaba ayuda en su granja para plantar o cosechar, podía convocar a los *karls* para que lo ayudaran. A cambio, los *karls* se encargaban de su seguridad. Los *karls* pagaban impuestos en plata o daban una parte de su cosecha para pagar la ayuda de los *jarls*.

El último escalón de la sociedad vikinga estaba formado por los llamados siervos o esclavos. La base de la palabra «thrall» es el nórdico antiguo de *þræll*, que se refiere a una persona que vivía en estado de servidumbre. Se cree que la palabra esclavo tiene su origen en el eslavo porque muchos pueblos eslavos durante la Edad Media fueron capturados y vendidos como esclavos.

En la sociedad vikinga, una persona era esclava si nacía de padres esclavos. Una persona podía ser vendida como esclavo como castigo por ciertos delitos. Si una familia se quedaba sin recursos económicos, podía venderse a otra familia para ser su esclava. Muchas personas se convertían en esclavas porque eran capturadas durante una batalla entre dos *jarl*s; los prisioneros del *jarl* victorioso eran vendidos como esclavos. Por último, los prisioneros de los guerreros vikingos se convertían en esclavos cuando llegaban a Escandinavia.

Los habitantes de este estrato de la sociedad no podían poseer tierras y se veían obligados a trabajar para sus propietarios. El éxito de una granja dependía de las personas que trabajaban la tierra. Por ello, en la era vikinga no se solía maltratar a los esclavos. Los esclavos podían casarse y tener hijos. A la mayoría de los esclavos se les permitía tener sus propias posesiones. A veces, los granjeros dejaban que los esclavos trabajaran por su cuenta y ganaran dinero. En ocasiones, los esclavos podían compartir las ganancias de las incursiones. Algunos vikingos liberaban a los esclavos como recompensa por su trabajo, y otros podían ahorrar suficiente dinero para comprar su libertad.

Las mujeres no se identificaban como un estamento aparte en la sociedad vikinga, pero sí desempeñaban funciones importantes para garantizar el buen funcionamiento de la vida cotidiana. Al igual que en otras culturas de la misma época, los hombres se consideraban superiores a las mujeres. Los hombres se encargaban de luchar en las batallas, participar en las incursiones y otras expediciones, cultivar la tierra y cazar. Las mujeres controlaban el hogar. Aunque las esposas no eran iguales a sus maridos, las mujeres tenían más libertad que sus contemporáneas. Las mujeres nórdicas podían tener propiedades a su nombre. También podían compartir la riqueza de sus maridos. Aunque los matrimonios solían ser concertados, las mujeres podían solicitar el divorcio.

En algunos hogares, las mujeres tenían siervos que ayudaban en las tareas cotidianas del hogar. El mantenimiento de una casa incluía todos los aspectos de la preparación y el servicio de la comida. Las mujeres tenían que gestionar el inventario y la preparación de los alimentos que se almacenaban para el consumo entre las temporadas de cultivo. Las mujeres también se aseguraban de que la familia tuviera provisiones suficientes para el largo invierno. Ordeñar las vacas y producir mantequilla y queso formaban parte de sus tareas diarias. Las mujeres también tenían que hilar y tejer para crear telas; luego, tenían que darles forma de prendas de vestir y coser ropa para todos los habitantes de la casa.

Cuando los hombres del poblado salían de incursión, las mujeres se encargaban de todo. Simbólica y públicamente, el marido entregaba las llaves de la casa a su mujer antes de zarpar. Todos en la aldea estaban informados de quién era responsable de la granja y la casa mientras él estaba fuera. Si el marido moría, ella asumía plenamente el control de la granja o el negocio.

Todos, independientemente de su posición social, contribuían al éxito de la aldea. Incluso los niños participaban y tenían tareas diarias que realizar. Los niños no iban a la escuela. En su lugar, aprendían las habilidades que necesitaban para sobrevivir como adultos y tener sus propias familias. Los niños pasaban tiempo con sus padres aprendiendo a cultivar, luchar y pescar. Si el padre era artesano, el hijo aprendía ese oficio. Las niñas aprendían a preparar y almacenar alimentos, confeccionar ropa, coser, hilar lana, tejer y elaborar cerveza.

Capítulo 6: La vida en las aldeas

En las zonas donde los vikingos se asentaban tras las incursiones, instalaban sus cimientos sociales. Parte de su mundo era la estructura de su sistema de clases. Los vikingos también tenían una vida aldeana organizada. Enmarcando el funcionamiento de sus comunidades estaba su método de gobierno, que era tan eficaz que los escandinavos instituyeron su sistema jurídico en las zonas donde se asentaron.

Un componente clave del sistema judicial vikingo era una asamblea llamada Thing o Althing. En las distintas regiones existen diversas variantes de la grafía de «Thing». Todas las variantes proceden de la palabra nórdica antigua *þing*, que hace referencia a un órgano de gobierno o asamblea. Los gobiernos de algunas partes de Escandinavia siguen basándose en Things. El Folketing o Asamblea del Pueblo de Dinamarca, el Storting o Gran Asamblea de Noruega y el Althing o Asamblea General de Islandia rigen cada país en la actualidad. El Althing de Islandia se creó en 930 y es el parlamento nacional más antiguo que sigue existiendo.

Althing de Islandia
https://commons.wikimedia.org/wiki/File:Law_speaker.jpg

En todas las tierras escandinavas, incluidas las colonias vikingas, las cosas se celebraban en cada aldea o comunidad. Todos los hombres libres, incluidos los *jarl*s, debían asistir y participar en la asamblea de su zona. Si no podían asistir, se enviaba a un representante en su lugar o debían pagar una multa. Las mujeres también asistían a la asamblea de su aldea, a menos que fueran viudas. Los que trabajaban o vivían solos no estaban obligados a asistir a menos que el orden del día de la reunión incluyera la elección de un rey o decidir el destino de un asesino.

Las asambleas se celebraban dos veces al año y duraban varios días. Como acontecimiento comunal, las Things eran una reunión social muy esperada. Los artesanos llevaban productos para vender. El maestro cervecero local fabricaba barriles de cerveza e hidromiel. Las reuniones se organizaban cerca de fuentes de agua. Los campos eran accesibles para que pastaran los animales, y la caza y la pesca suministraban alimentos a todos los asistentes. Los miembros de la comunidad compartían las últimas noticias sobre sus familias, lo que a menudo llevaba a concertar matrimonios. Las alianzas se reforzaban o se disolvían.

Aunque estas asambleas tenían un aire festivo, su principal objetivo era elaborar nuevas leyes y determinar la culpabilidad o inocencia de los acusados de delitos. Cualquier miembro de la comunidad podía presentar una queja ante la Thing. Los jefes locales presidían estas primeras asambleas democráticas. El legislador le ayudaba a decidir los casos o situaciones que se presentaban a la asamblea.

Aunque los vikingos no registraban sus leyes ni las ponían por escrito, tenían un conjunto de normas y reglamentos consensuados que regían su sociedad. A cada Thing asistía un legislador. Este podía recitar de memoria todas las leyes vikingas. También podía recordar las decisiones tomadas en reuniones anteriores. Los legisladores proporcionaban esta información a los encargados de decidir el destino de los acusados. Los vecinos y los asistentes a la Thing podían expresar sus preocupaciones sobre los cargos que se discutían antes de que se tomara la decisión final. Los comentarios del público ayudaban extraoficialmente en el proceso de toma de decisiones.

Si el infractor era declarado culpable, se le imponía una multa, se lo convertía en proscrito parcial o en proscrito total. Los proscritos parciales eran desterrados de la sociedad durante un máximo de tres años. El proscrito total era desterrado de por vida. Además de tener que abandonar su ciudad o pueblo, los proscritos perdían todos sus bienes, aunque sus familias no siempre eran desterradas con ellos. Nadie podía ayudar a un proscrito. Este castigo se consideraba una hazaña horrible.

Las Things no tenían poder para hacer cumplir las decisiones que se tomaban. Sin embargo, cada vikingo tenía un sentido del deber hacia su comunidad y normalmente hacía lo que se esperaba de él.

Además de impartir justicia, las Things fijaban las tasas impositivas para los miembros de la comunidad. También se aseguraban de que todos los hombres de sus jurisdicciones estuvieran debidamente equipados con armas para proteger las aldeas. Las Things también votaban a los reyes. Por último, estas asambleas creaban nuevas leyes si lo consideraban necesario. Al concluir la reunión, se demostraba el acuerdo del pueblo agitando y haciendo sonar sus armas (*vápnatak*).

Otra forma de resolver disputas era a través de un duelo o *hólmganga*. Los duelos tenían reglas muy estrictas que eran aplicadas y supervisadas por un árbitro. Los *hólmgangas* solo podían disputarse en un espacio de tres metros cuadrados de un manto. Salirse del manto se consideraba un acto de cobardía (un *nithing*). Las espadas y los escudos eran las armas elegidas por los duelistas. El hombre con más heridas al final del duelo perdía, y tenía que pagar al vencedor con plata. Si uno de los duelistas moría, el vencedor o superviviente asumía el control de todos sus bienes. La mayoría de los *hólmgangas* acababan con la muerte de uno de los combatientes.

Los duelos se consideraron ilegales durante el reinado del rey Canuto. A medida que el papel y el poder de los reyes crecían a lo largo de la era vikinga, se centralizaban más las decisiones legales. La lealtad y el honor eran dos rasgos importantes para los vikingos. La mayoría de los miembros de las sociedades escandinavas seguían unas normas de conducta. El deseo de ser respetado guiaba las decisiones cotidianas.

Las normas sociales dictaban las expectativas de comportamiento de los aldeanos durante la era vikinga. Esto incluía normas de comportamiento para banquetes y otros eventos. Se celebraban banquetes para conmemorar diversas ocasiones, como bodas, funerales, festivales, incursiones y cosechas.

Compartir la abundancia era importante para los anfitriones. El éxito del banquete gracias a la hospitalidad del anfitrión podía elevar el estatus de una persona en la sociedad. Los invitados se sentaban en función de su estatus en la ciudad. Un forastero o visitante a un banquete debía recitar el linaje de su familia para que se pudiera determinar su posición en la mesa.

La distribución de los asientos para un banquete en el gran salón del rey o en la mesa del granjero local no se hacía al azar. Los invitados importantes se ganaban un asiento al lado o enfrente del anfitrión. Tanto si el anfitrión era el rey como el cabeza de familia, se sentaban en el asiento de honor (*hásæti*). Al invitado de menor rango se le asignaba el asiento más alejado del anfitrión. Los errores en la distribución de los asientos podían dar lugar a discusiones airadas si se percibía que uno no era respetado por el anfitrión.

Independientemente de la riqueza de la persona que celebraba el banquete, las celebraciones eran fastuosas. Algunas fiestas y festivales duraban días. Durante ese tiempo, los asistentes comían y bebían copiosas cantidades de alimentos y bebidas. Se consumía hidromiel y cerveza, además de verduras y carne de las granjas.

La agricultura era esencial para la supervivencia de los vikingos. Sí, la agricultura suministraba alimentos para los festines, pero las granjas prósperas y el almacenamiento de alimentos eran necesarios para mantener a los vikingos durante los fríos y oscuros meses de invierno. La mayoría de los agricultores vikingos eran autosuficientes, es decir, criaban suficiente ganado y cultivaban lo suficiente para sobrevivir sin ayuda externa. Complementaban la carne de los animales que criaban con la caza y la pesca.

La mayoría de los habitantes de la era vikinga eran agricultores. Todos los miembros de la familia participaban en las actividades agrícolas. En la mayoría de las granjas había esclavos que ayudaban en algunas de las tareas diarias más difíciles. Los que no se dedicaban a la agricultura, como los herreros, intercambiaban sus bienes y servicios por alimentos.

La falta de tierras fértiles y llanas dificultaba el cultivo de alimentos suficientes para alimentar a una familia. Los inviernos largos, oscuros y fríos se sumaban a las complejidades a las que se enfrentaban los escandinavos. Aunque los veranos ofrecían largos días soleados, eran breves y la temporada de cultivo, corta. La participación en las incursiones vikingas supuso un ingreso adicional para algunos de los granjeros escandinavos. Otros aprovecharon las tierras capturadas en zonas con mejores condiciones para la agricultura y se reasentaron en nuevos países.

En los primeros tiempos de las incursiones vikingas, los pueblos prósperos estaban formados por entre seis y ocho granjas. Estas granjas estaban separadas entre sí y del centro de la aldea. Las granjas de las zonas menos florecientes no se centraban en torno a una aldea, sino que eran granjas aisladas. A menudo, las granjas tenían vallas que identificaban los límites del terreno de la granja. Dentro de la zona vallada había una casa comunal, que era la vivienda de la familia y los animales de la granja. Los animales estaban protegidos en el cobertizo durante los fríos inviernos y daban calor al hogar familiar. También se almacenaban allí los alimentos, el taller del granjero y los utensilios de labranza.

A medida que las granjas crecían, la casa comunal seguía siendo el edificio central de la granja familiar. Sin embargo, con el tiempo se fueron añadiendo otras dependencias. Se construyeron talleres, establos y graneros. La casa comunal pasó a convertirse en el hogar familiar. La mayoría de las granjas familiares funcionaban de forma independiente. Los granjeros cultivaban sus propios alimentos, fabricaban sus propias herramientas y construían sus propios edificios.

Casa comunal reconstruida
Sven Rosborn, CC BY 3.0 <https://creativecommons.org/licenses/by/3.0>, vía Wikimedia Commons; https://commons.wikimedia.org/wiki/File:Viking_house_Ale_Sweden.jpg

Los edificios se levantaban cerca de fuentes de agua. También se situaban en terrenos elevados para permitir un mejor drenaje. Situar los edificios en un lugar elevado también proporcionaba al granjero y su familia una mayor visibilidad. No todo el que se acercaba a la granja era un visitante bienvenido, por lo que los habitantes tenían tiempo de reunir sus armas para protegerse. Se encendían hogueras de señales para advertir a las granjas cercanas de situaciones peligrosas o pedir ayuda. Se esperaba que todos los habitantes de la granja se apoyaran y defendieran mutuamente. Los jefes locales y los vecinos se ayudaban mutuamente.

Los campos de pastoreo y cultivo rodeaban los edificios de la granja. El ganado más importante era el vacuno. Los símbolos rúnicos y la palabra para ganado, las runas *fehu* y *fé*, respectivamente, equiparan a estos animales con el dinero y la riqueza. Para plantar los cultivos se necesitaban bueyes para arar los campos. De las vacas lecheras se obtenía una gran variedad de alimentos, algunos de los cuales podían convertirse en comida que los vikingos almacenaban y consumían durante el invierno. El queso, la mantequilla y el *skyr* (un producto similar al yogur) servían de sustento a los vikingos durante todo el invierno. Algunos productos lácteos también se utilizaban para conservar la carne para su consumo en invierno.

Otro animal criado por muchos granjeros vikingos era la oveja. Además de ser una fuente de alimento y leche, su lana se utilizaba para fabricar tejidos y prendas de vestir. Durante los meses de verano, el ganado era arreado y conducido a pastos situados en lo alto de las montañas. Deambulaban libremente y se alimentaban en las tierras fértiles. Se construían pequeños establos y cabañas cerca de los pastos de verano.

Alguien de la granja familiar o un peón se quedaba en las tierras altas con los rebaños. Ordeñaban las vacas y las ovejas. La leche se almacenaba y se transportaba a la granja principal en sacos de piel. A menudo, los rebaños de diferentes granjas se mezclaban. Al final de la temporada de verano, los rebaños debían separarse por granjas. A continuación, se conducían de vuelta a la granja familiar para pasar el invierno. Normalmente, las vacas lecheras se alojaban en un establo durante el invierno y se alimentaban con heno. De lo contrario, corrían el riesgo de morir de hambre si se las dejaba a la intemperie.

Otros animales de granja criados en las granjas escandinavas eran cabras, caballos, cerdos, gallinas y patos. Todos ellos necesitaban heno para subsistir durante el invierno. El heno era vital para la vida vikinga. Se acordaron leyes que obligaban a cultivar y cosechar suficiente heno para alimentar a los animales. Iba contra la ley escandinava dejar que la tierra en la que crecía el heno se pudriera y no cosecharla antes de que se pudriera.

Réplica de una granja vikinga
Mark Voigt, CC BY 3.0 <https://creativecommons.org/licenses/by/3.0>, vía Wikimedia Commons; https://commons.wikimedia.org/wiki/File:The_Viking_Farm,_Avaldsnes_05.2010_-_panoramio_(1).jpg

Los granjeros se encargaban de asegurar un suministro adecuado de heno para el invierno. Al final de la temporada de cosecha, hacían inventario del heno y del ganado. Si no había suficiente heno para alimentar a todos los animales durante todo el invierno, el granjero sacrificaba a los animales más débiles.

Los cereales eran los cultivos más comunes. La cebada, el centeno y la avena se molían para hacer harina. Las mujeres hacían pan, que se conservaba y almacenaba para su consumo durante el invierno. Los cereales también se utilizaban para hacer gachas, panes planos y cerveza. El lino también se cultivaba en las granjas y se utilizaba para fabricar tejidos.

Las verduras se sembraban en primavera y se cosechaban a finales de verano y principios de otoño. Durante la temporada de cosecha, los vikingos consumían verduras recién cosechadas. Algunas de las cosechas se guardaban para el invierno; esas verduras se secaban. Las mujeres y los niños también recolectaban bayas silvestres, hierbas y otras plantas. Estas verduras y frutas se consumían durante el verano y el otoño. Algunas se reservaban y se preparaban para el invierno mediante salazón o secado.

Los nórdicos comían dos veces al día: el *dagmal*, o comida del día, y el *nattmal*, o comida de la noche. Los alimentos servidos en cada comida eran similares, aunque la época del año influía mucho en la disponibilidad de alimentos. Las verduras, la carne y el pescado guisados eran los platos más comunes y se servían con hidromiel o cerveza. No se solía consumir agua porque se corría el riesgo de enfermar o morir a causa del agua sucia. Los alimentos que no se consumían en la comida se guardaban en la parte más fresca de la casa. Las sobras se recalentaban y se volvían a servir en la siguiente comida familiar.

Los vikingos trabajaban muchas horas. Por lo tanto, necesitaban comer alimentos ricos en calorías y grasas para tener energía suficiente para completar sus tareas diarias. Aunque los vikingos consumían alimentos sin la ventaja de la refrigeración, gozaban de buena salud. Los restos encontrados del pueblo escandinavo no muestran que carecieran de vitaminas o minerales.

Capítulo 7: La literatura y el alfabeto rúnico

Los vikingos eran trabajadores laboriosos y aprovechaban al máximo la tierra que cultivaban. Durante las fiestas familiares y de la aldea, los vikingos se entretenían contando historias y compartiendo poesía. El largo y oscuro invierno permitía a las familias y aldeanos realizar tareas de mantenimiento en sus casas y granjas. Los guerreros practicaban sus habilidades para la siguiente temporada de navegación e incursiones.

Adultos y niños jugaban a diversos juegos. Los escandinavos eran un grupo competitivo. El *hnefatafl*, que era similar al ajedrez, podía acabar en un enfrentamiento físico. Muchas de sus actividades consistían en desafiarse mutuamente en hazañas de salto de acantilados o escalada de rocas. Las partidas de natación podían acabar en intentos de ahogamiento mutuo.

Aunque los vikingos disfrutaban con las actividades físicas y agresivas, también valoraban la poesía y la narración. Estas dos habilidades enmarcaban la diversión de muchos festines. Los anfitriones de los banquetes servían la mejor comida que tenían. Los invitados debían vestir sus mejores galas. Se ponían mesas y tapices bordados a mano en las paredes. Incluso los suelos de tierra, que solían estar sembrados de basura, se cubrían de paja.

La carne se cocinaba en el asador o se hervía. La gente utilizaba todas las partes de los animales. Por ejemplo, se hacían salchichas con los órganos y la sangre de los animales. Las mujeres y los siervos preparaban el pescado de muchas maneras: en escabeche, ahumado o seco.

Las hijas del anfitrión y los siervos de la familia servían hidromiel y cerveza a los invitados. Muchos vikingos bebían de los cuernos, que no se podían bajar hasta vaciarlos. La embriaguez era habitual en fiestas y festivales. En este ambiente animado, el *skáld* o poeta representaba historias. A veces, el poeta componía piezas para honrar la causa de la celebración.

Los poetas eran personas importantes en la sociedad vikinga. Se valoraba su capacidad para relatar los mitos, cuentos heroicos e historias orales de su cultura, sobre todo porque los poetas enfatizaban los rasgos que eran importantes en la tradición guerrera. «Saga» es una palabra en nórdico antiguo que significa «dicho». Las historias compartidas por los poetas se hacían en la tradición oral. Cada generación transmitía sus narraciones a la siguiente. Las familias influyentes de la era vikinga contrataban a su propio *skáld* familiar. El papel del poeta familiar era aprender y memorizar la historia familiar para compartirla con las generaciones futuras. La recitación de la saga familiar solía ser embellecida por el poeta y, con el tiempo, se añadían más adornos y logros.

Más tarde, en la Edad Media, estos relatos se recopilaron y registraron. El grueso de las sagas se escribió mucho después de que ocurrieran los hechos. Los relatos de la era vikinga son una intrincada fusión de aventuras y acontecimientos históricos que incluyen la política de la época. Como ocurre con muchos relatos escritos años después, son una mezcla de realidad y ficción. Sin embargo, gracias a los descubrimientos arqueológicos, algunos de los acontecimientos, como la navegación de los vikingos hasta Norteamérica, han podido verificarse.

Los *skálds* tejieron historias tan increíbles que su formato influyó en el desarrollo de la prosa en la literatura. La mayor parte de la literatura escrita durante la Edad Media era poesía. Pero los cuentos escandinavos trataban de protagonistas cotidianos. No eran los reyes, reinas, dioses y diosas quienes llenaban las páginas de las narraciones escandinavas.

Los protagonistas de los cuentos eran constructores de barcos, granjeros, guerreros y otros personajes de la vida rutinaria. Las sagas de los nórdicos se centraban en contar las historias reales de la gente. Las sagas nórdicas se clasificaban por géneros, según el tema de la narración.

Las historias sobre figuras legendarias o heroicas se agrupan como *fornaldarsögur*. Los oyentes oían hablar de personajes del pasado antiguo. Los elementos fantásticos formaban parte de la trama e incluían dragones, peligrosas misiones y criaturas míticas. Los reyes y reinas ocupaban un lugar destacado en las historias conocidas como *konungasögur*. En estas historias, los acontecimientos reales enmarcaban la narración, junto con detalles sobre los líderes de la época. Otro género de sagas eran las sagas familiares o *Íslendingasögur*. En estas narraciones, las historias y luchas de la gente corriente y la complejidad de la experiencia humana ofrecían a los oyentes verdaderos modelos de conducta.

Portada de la *Edda* en prosa
https://commons.wikimedia.org/wiki/File:Edda.jpg

Otro grupo de relatos basados en la tradición oral escandinava son las *Eddas*. Estas colecciones hablan de los dioses y diosas del mundo vikingo. Hay dos grupos de Eddas. La *Edda Mayor*, también llamada *Edda Poética*, se basa en un documento de la Edad Media, el *Codex Regius*. La *Edda Menor*, también llamada *Edda en Prosa*, fue escrita por Snorri Sturluson. Juntas, la *Edda Poética* y la *Edda en Prosa* proporcionan ricas fuentes de mitología nórdica y antiguos sistemas de creencias de antaño. Los materiales de ambas Eddas se plasmaron en manuscritos en el siglo XIII.

Las obras incluidas en la *Edda Poética* son relatos de mitos nórdicos. Es la recopilación escrita más extensa de historias de la tradición oral de los cuentos escandinavos. Los poemas de la antología hablan de los dioses nórdicos y los orígenes del mundo, así como de leyendas y héroes del mundo vikingo. Snorri Sturluson escribió la Edda «más nueva» o *Edda Joven*. En este volumen, Sturluson compartió relatos que muestran las creencias y costumbres del pueblo escandinavo. Las historias de increíbles guerreros y sus fantásticas hazañas están al alcance de los lectores de hoy, permitiéndoles acceder al pasado heroico de los vikingos y a otros mundos.

Parte de lo que influyó en Sturluson para componer su texto fue el deseo de preservar el pasado poético del mundo vikingo. La poesía se utilizaba para rememorar sucesos increíbles y a sus protagonistas. Su libro de texto enseñó a otros a seguir creando poesía escáldica en la tradición escandinava. Su obra, a veces conocida como *Snorra Edda*, ofrece información sobre los mitos del mundo nórdico, una guía para escribir poesía, cómo elegían las palabras los poetas escáldicos y los esquemas rítmicos empleados por los antiguos poetas.

Los habitantes de la era vikinga no escribían manuscritos. Al igual que los legisladores, que se encargaban de memorizar las leyes, los poetas utilizaban el verso como medio para recordar y compartir ideas. Esto demostró ser un método eficaz de comunicación entre distancias y tiempos. Los poemas y sus mensajes iban desde palabras de alabanza y adulación hasta insultos y vilipendios.

Las palabras creadas por los poetas eran tan importantes que los reyes tenían sus propios poetas como parte de su séquito para conmemorar sus grandes hazañas. Los poetas eran figuras clave en la sociedad vikinga. Tenían el poder de preservar los acontecimientos y afectar a la historia. También amenizaban fiestas y festivales. Si un poeta escribía un verso sobre una persona, sus logros o fechorías quedaban registrados para siempre. Esto elevaba o disminuía el estatus de una persona y la posición de su familia en la comunidad.

Para que los poetas pudieran ver los acontecimientos, los reyes crearon murallas con escudos o *skjaldborgs*. Los poetas observaban las batallas desde una distancia segura. Tomaban notas y componían poemas que relataban la secuencia de los acontecimientos y destacaban las hazañas memorables de guerreros y líderes.

Además de crear nuevos versos, los poetas también eran una fuente de conocimiento del pasado. Las preguntas sobre acontecimientos pasados, líderes o familias podían plantearse a un poeta local, que debía ser capaz de responderlas con precisión. Snorri Sturluson explicaba cómo debían formarse los versos. Los patrones de aliteración, ritmo y rima interna servían de guía a los recitadores. La complejidad en la elección y construcción de las palabras permitía a los transmisores de información recordar correctamente numerosos versos.

Los reyes y líderes utilizaban poemas para inspirar a los guerreros antes de las batallas. Las fusiones creativas de palabras entretenían a la gente en las fiestas reales y de las aldeas. Los poetas honraban a la gente corriente a través de la expresión artística, mientras que despreciaban a otros por sus acciones.

Otra forma de conmemorar personas y acontecimientos era mediante palabras grabadas en monumentos de piedra. Los mensajes escritos en runas se inscribían en diversos materiales con distintos fines. A diferencia de los poemas, que permitían mensajes extensos, las runas solían ser breves y concisas. Al igual que los poetas, los escritores de runas poseían valiosas habilidades que aprendían y dominaban.

Dieciséis runas o caracteres componían el alfabeto vikingo básico. Cada letra estaba formada por una secuencia distinta de líneas. Los distintos patrones de líneas representaban cada una de las dieciséis letras. A veces, el alfabeto rúnico se denomina futhark, que son las seis primeras letras (f, u, th, a, r y k) del alfabeto completo, que contiene dieciséis letras.

Se utilizaban líneas para formar las letras, ya que podían cincelarse fácilmente en muchos materiales diferentes. Cada glifo o símbolo representaba un sonido. Cada línea vertical que formaba parte de una letra se llamaba pentagrama. Las marcas diagonales se llamaban ramitas. Las líneas horizontales no se utilizaban en las letras porque podían malinterpretarse como parte de la veta de la madera.

ᚠᚢᚦᚨᚱᚴ ᚼᚾᛁᛆᛋ ᛏᛒᛦᛚᛅ
ᚠᚢᚦᚡᚱᚴ ᚽᚼᛁᛂ ᛁᛅᛏᛚᛁ

fuþąrk hnias tbmlʀ

Imagen de las runas
https://commons.wikimedia.org/wiki/File:Yngre_futharken.svg

Las inscripciones rúnicas se utilizaban para comunicar muchas ideas diferentes en el mundo vikingo. Algunos mensajes simplemente identificaban al propietario de un objeto. Los mercaderes y comerciantes utilizaban palos rúnicos para registrar la compraventa de mercancías. Se registraban los gastos y se identificaba al comprador o vendedor de la mercancía mediante el uso de runas. Los mensajes informativos, las notas de amor y las quejas se compartían utilizando las runas. Debido al amplio uso de las runas, muchos historiadores creen que los vikingos sabían leer y escribir.

Además del uso de las runas para notas y mensajes cotidianos, también servían para conmemorar a los muertos. A veces, estas breves pero notables líneas se clasifican como otra categoría de poesía vikinga. Las familias de élite podían tener memoriales con inscripciones rúnicas que detallaban los logros del difunto.

Dos de las piedras rúnicas más conocidas se encuentran en Jelling (Dinamarca). La más antigua de las dos piedras, que data del siglo X, fue erigida por el rey Gorm el Viejo en honor a su esposa, la reina Thyre. Una traducción de las runas que celebran a la reina Thyre la reconoce como la salvadora de Dinamarca.

Imagen de las piedras rúnicas de Jelling

Alicudi, CC BY-SA 3.0 <https://creativecommons.org/licenses/by-sa/3.0>, vía Wikimedia Commons; https://commons.wikimedia.org/wiki/File:Runesten_i_Jelling.jpg

Se cree que mientras el rey Gorm y otros líderes participaban en las incursiones vikingas, Thyre lideraba Dinamarca. Para luchar contra las invasiones sajonas, la reina continuó construyendo el Dannevirke defensivo. La construcción de esta muralla protectora comenzó en el siglo VI. Las mayores secciones de Dannevirke se construyeron durante la era vikinga.

Tras la muerte del rey Gorm y la reina Thyre, su hijo, Harald Blatand (más conocido como Harald Diente Azul), se convirtió en gobernante. Mandó construir una piedra rúnica en homenaje a sus padres. En la piedra también hay un homenaje al rey Harald. Este rey gobernó Dinamarca y Noruega. Harald inscribió una representación de Jesús en la piedra para reconocer su papel en la introducción del cristianismo en Dinamarca. Ambas piedras de Jelling han sido declaradas Patrimonio de la Humanidad por la UNESCO.

Parte del legado del rey Harald Blatand fue su capacidad para unir a la gente. Durante su reinado, el rey Harald unió a muchas tribus vikingas. Esta unificación dio forma al país de Dinamarca. Sus símbolos rúnicos se utilizan hoy en todos los dispositivos Bluetooth. Los fundadores de Bluetooth eligieron sus iniciales rúnicas como icono de la empresa.

Otro ejemplo impresionante de piedra rúnica se encuentra en Suecia. La piedra rúnica de Rök es una estructura enorme. Mide más de dos metros de altura y pesa más de cinco toneladas. Los grabados rúnicos de la piedra rúnica de Rök incluyen 28 líneas de texto que incorporan 760 runas. Descifrar las runas ha sido todo un reto, ya que hay diferentes estilos de escritura y versiones del futhark entretejidas en su escritura.

Varin, un cacique local, erigió el monumento en honor a su hijo, Vamoth. La causa de la muerte del hijo de Varin sigue siendo un misterio. La piedra incluye mitos nórdicos, leyendas vikingas y sagas familiares, que se solapan entre sí. En la piedra de Rök se incluyen referencias a acontecimientos históricos. En el siglo VI, el sol se oscureció durante años a causa de erupciones volcánicas. No se sabe si esto hizo creer a Varin que la muerte de su hijo era inevitable o no. Sin embargo, las inscripciones encargadas por Varin sugieren que su hijo estaba destinado a morir. Una vez muerto, Vamoth podría unirse a los ejércitos de los dioses.

Muchos vikingos creían que las runas eran mágicas. El poder que otorgaba la capacidad de escribir se sumaba al aura mística de la comunicación a través de las runas. Se creía que las runas protegían de las enfermedades, en las batallas y contra las hechiceras. Muchos creían que los mensajes inscritos con el alfabeto rúnico contenían capas de significado. Se creía que las letras y los glifos escondían secretos y misterios.

Capítulo 8: Arte, diseño y arquitectura

El arte y el diseño vikingos combinaban fines utilitarios con imágenes que hablaban de un significado más profundo. De forma similar al uso de las runas, que eran letras y símbolos de sonidos, para comunicar ideas cotidianas, los elementos de diseño entrelazaban capas de significado como el poder de las runas más allá del uso literal del futhark. De la palabra nórdica antigua para «secretos», las runas transmitían fuerzas sobrenaturales a los escudos, amuletos y talismanes de los guerreros.

El alfabeto rúnico está estrechamente relacionado con el dios Odín. Se creía que Odín dio esta comunicación sagrada al mundo. Por tanto, los pentagramas y las impresiones en ramitas formaban parte del mensaje y la conexión con el otro mundo. Lanzar runas sobre los palos de una manera determinada era una forma de entender el mundo, ayudar en los problemas y ayudar a resolverlos. Los lectores expertos podían desentrañar el mensaje y ayudar a la gente a encontrar el significado simbólico enviado en la tirada de runas.

Las runas no eran el único medio utilizado durante la era vikinga para comunicar múltiples capas de significado. Las imágenes visuales entrelazaban el sistema de creencias de los pueblos escandinavos con sus iconos culturales. Los símbolos representaban los temas y la moral que se compartían oralmente a través de poesías, narraciones y canciones. Muchos vikingos creían en el impacto de poner símbolos en talismanes y artefactos. Estos recuerdos con símbolos poderosos proporcionaban a su poseedor la seguridad de que podrían afrontar con éxito los retos venideros.

Los vikingos utilizaban muchas imágenes concretas y poderosas para representar conceptos intangibles. Animales, cruces, representaciones de la naturaleza y talismanes de los dioses aparecían con frecuencia en los diseños vikingos. Todos ellos proporcionaban protección y apoyo en el viaje por este mundo y el siguiente. Evocar la ayuda del reino místico era una parte importante del uso de amuletos.

Los motivos decorativos combinaban una mezcla de diseños emblemáticos y pragmáticos. Las representaciones incluidas en objetos y en el arte vikingo revelaban creencias sobre sus dioses y diosas, su estructura social y su cultura guerrera. El arte vikingo se suele examinar en seis periodos estilísticos diferentes. Las fechas y los elementos de cada época se solapan entre sí. Normalmente, el nombre de cada agrupación de estilos artísticos se basa en el lugar donde se encontró el ejemplo más famoso.

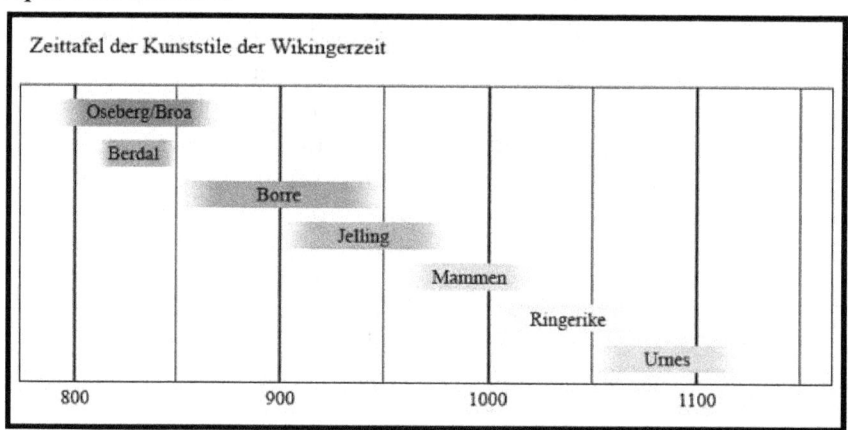

Cronología del arte vikingo
Stefan Bollmann, CC BY-SA 3.0 <http://creativecommons.org/licenses/by-sa/3.0/>, vía Wikimedia Commons;
https://commons.wikimedia.org/wiki/File:Kunststile_der_Wikingerzeit.jpg

La primera categoría de arte vikingo data aproximadamente de 750 a 850 y se denomina Oseberg/Broa. En la granja de Oseberg, en Noruega, se encontró un barco funerario vikingo, mientras que en Broa, en Gotland (Suecia), se descubrió una brida de caballo con hojas de oro de veintidós quilates.

A lo largo de los seis periodos del arte vikingo se representaron con frecuencia animales en las decoraciones. Los animales grabados durante el periodo Oseberg/Broa eran abstractos y se mostraban de forma deconstruida. Los animales tenían extremidades alargadas y en bucle, ojos saltones y cabezas demasiado pequeñas. Se los conoce como animales-cinta. Una mezcla de líneas gruesas y finas y nudos se mezclaba con las formas de los animales.

Arte de la zona de Broa

Elisabet Pettersson, Historiska museet/SHM, CC BY 4.0 <https://creativecommons.org/licenses/by/4.0>, vía Wikimedia Commons;
https://commons.wikimedia.org/wiki/File:Stora_och_Lilla_Ihre_Grave_174_Pommel_(310203).png

En la zona de Oseberg se observaron variaciones de las formas de los animales. Las ilustraciones muestran más claramente las garras del animal agarrando un borde de la talla. Dentro de las garras del animal había diseños decorativos que realzaban el motivo. Los detalles son más perceptibles debido a las variantes de superficie.

El periodo Borre se extendió desde 850 hasta 950 aproximadamente. En Borre (Noruega) se desenterraron importantes artefactos de un barco funerario y un cementerio que contenían diseños que enmarcan este estilo artístico. Los animales con garras continuaban el estilo de Oseberg; sin embargo, las cabezas se transformaron en formas triangulares.

Los artefactos muestran un aumento de los diseños geométricos. Tejidos más apretados de intrincadas y entrelazadas líneas casi simétricas muestran el motivo animal. Los diseños de tejido de anillos o cintas se creaban mediante un bucle continuo de trenzas y espirales. Algunos de los remolinos y espirales son distorsiones del cuerpo del animal.

Al estilo Borre se superpuso el estilo Jelling, que surgió a finales del siglo IX y concluyó antes de que finalizara el siglo X. Al igual que los demás estilos artísticos vikingos, el estilo Jelling fue el más popular. Como en los demás estilos vikingos, Jelling indica el lugar donde se encontraron los objetos. En un cementerio de Jelling (Dinamarca) se descubrió una copa de plata con elementos del estilo Jelling.

Las características de los animales son más en forma de cinta y menos apretadas que las del estilo Borre. Se asignó más fluidez a las bestias en forma de S. Para designar las partes del cuerpo de los animales se utilizaban líneas e imágenes geométricas variables. Más parecidos a los artefactos de Broa, los cuerpos y cabezas de las bestias se dibujaban mostrando su perfil; sin embargo, las líneas de las ilustraciones eran más limpias, lo que hacía que el fondo destacara más. El estilo Jelling se diferenciaba de otros periodos anteriores del arte vikingo por los zarcillos o *lappets* que emanaban del cuello de la bestia.

Los descubrimientos realizados en una tumba de Mammen (Dinamarca) dan nombre al siguiente estilo cronológico del arte vikingo. Una cabeza de hacha hallada en la tumba es la representación arquetípica de este periodo, con imágenes que entrelazan cristianismo y paganismo. Los años 950 a 1000 coinciden con el reinado del rey Harald Diente Azul y la infusión del cristianismo en la vida de los vikingos. Las inscripciones de la piedra rúnica de Jelling, encargadas por el rey Harald, incluyen a la Gran Bestia. Los poderosos logros del rey Harald Diente Azul, llevando el cristianismo a Dinamarca y controlando Noruega, se muestran en el motivo de la Gran Bestia.

La Gran Bestia es una fusión de muchos animales y emana fuerza. Se representa como una criatura cuadrúpeda con patas en forma de garras. Alrededor de la Gran Bestia se tejen serpientes enroscadas y en expansión. Diseños similares a guirnaldas y plantas forman espirales con la serpiente, creando una sensación de robusto movimiento.

Las representaciones de la Gran Bestia continuaron en la época de Ringerike, que cerró el siglo X y dio la bienvenida al siglo XI. Las lápidas funerarias conmemorativas descubiertas en Ringerike (Noruega) proporcionan el nombre y el estilo de esta agrupación artística. Las poses vigorosas de animales enérgicos eran la base de los elementos estilísticos. Sin embargo, las ilustraciones de Ringerike eran más estilizadas y menos agitadas que los grabados de Mammen.

Los animales seguían mostrándose de perfil con más complejidad que en los grabados anteriores. Unos zarcillos más finos, parecidos a plantas, se enroscan alrededor de las bestias. El movimiento creado con los mechones simétricos o las astas que emergen de la cabeza de un animal le confiere una fluidez grácil.

El periodo culminante del arte vikingo es el estilo Urnes. Las tallas en relieve halladas en una iglesia de duelas de Urnes (Noruega) ejemplifican las características de este periodo. Este último periodo también se conoce como el estilo de la piedra rúnica, ya que las representaciones se encontraban a menudo en piedras conmemorativas por toda la región.

Imagen de tallas en Urnes

Eduardo, CC BY-SA 2.0 <https://creativecommons.org/licenses/by-sa/2.0>, vía Wikimedia Commons; https://commons.wikimedia.org/wiki/File:La_pared_original_de_la_Urnes_stavkyrkje_(I).jpg

Durante el periodo de Urnes se esbozaron sofisticadas impresiones de la Gran Bestia. Los animales estaban formados por líneas asimétricas y fluidas. Las criaturas parecidas a serpientes eran más delgadas de lo que se había visto hasta entonces y estaban dibujadas en forma de ocho. Los rasgos alargados generan una postura majestuosa en el animal con aspecto de galgo.

A lo largo de todas las épocas artísticas de la era vikinga, los artesanos utilizaron el arte como medio para añadir elementos decorativos a los objetos cotidianos. Los materiales elegidos eran duraderos y fáciles de conseguir. Una gran variedad de objetos funcionales se transformaba mediante intrincados diseños de animales y líneas abstractas. Se grabaron con ilustraciones objetos como escudos, armas, partes de barcos, piedras rúnicas, vasijas para beber, joyas y otros.

Las tallas en relieve y los grabados eran las técnicas más empleadas por los artesanos vikingos. La yuxtaposición de diferentes materiales y colores era otro método para crear decoraciones ornamentales. Se conservan algunas pruebas del uso de pinturas vivas, pero la mayor parte de la pintura se ha desintegrado.

Además de utilizar materiales fáciles de encontrar, a los vikingos también les gustaba trabajar y llevar adornos de distintos metales. En la era vikinga, los hombres y las mujeres llevaban joyas de oro, plata y bronce. Para obtener estos metales preciosos, los mercaderes y guerreros vikingos comerciaban con ellos o los saqueaban. Las joyas se fabricaban con madera, cuentas, ámbar y vidrio de origen local. A menudo, en las joyas se grababan los mismos diseños geométricos y animales que se utilizaban para decorar los objetos de uso.

Algunas joyas se llevaban para indicar riqueza y estatus. Otras piezas eran funcionales y sujetaban la ropa, como los broches. Los adornos de valor tenían dos finalidades. Las joyas decorativas de plata podían utilizarse como medio para adquirir bienes. El valor del peso de la plata permitía a su portador intercambiar la joya para comprar otros artículos.

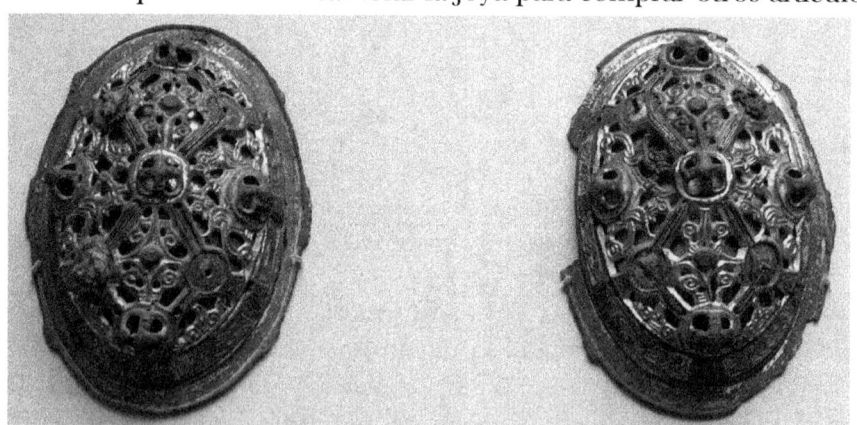

Broches usados por las mujeres

Johnbod, CC BY-SA 3.0 <https://creativecommons.org/licenses/by-sa/3.0>, vía Wikimedia Commons; https://commons.wikimedia.org/wiki/File:Brit_Mus_17sept_015-crop.jpg

Otra prueba de que los vikingos combinaban funcionalidad y diseño es la forma en que estructuraban y construían sus pueblos, aldeas y ciudades. Un estilo de construcción que transmite el ingenio y la artesanía vikingos es la casa comunal. Su diseño era similar al de los barcos en los que navegaban los guerreros vikingos. Las casas comunales vikingas se construían con paredes curvas, lo que las hacía parecer barcos invertidos.

Por término medio, medían entre cuatro y cinco metros de ancho. Sin embargo, su longitud era muy variable. La mayoría medían entre 15 y 20 metros. Las construidas para el jefe local o el *jarl* podían llegar a medir 75 metros. Independientemente de su tamaño, los elementos de construcción eran los mismos.

Aunque se erigían con materiales locales, la mayoría de las casas largas se construían con maderas de roble. Las zonas que no disponían de madera de fácil acceso construían sus casas con piedra o turba, creando un estilo de casa diferente. Se instalaban dos filas de postes de madera a lo largo de toda la casa. Estas vigas soportaban el peso del tejado.

Los tejados de las casas eran de tejas de madera o de paja; a veces, los tejados estaban hechos de vegetación, con musgo y hierba creciendo sobre ellos. Los tejados vikingos eran eficaces y mantenían a los ocupantes calientes y secos durante los fríos inviernos escandinavos. En algunos techos se abría un agujero sobre la hoguera interior para liberar el humo.

Las paredes se construían a menudo con un método llamado «bahareque» o «zarzo y barro». Para unir los huecos entre el armazón de madera, se amarraban tiras finas de madera o palos entretejidos (conocidos como zarzo) entre cada poste. A esta capa de base se le añadía barro, turba, arcilla o estiércol animal. El barro creaba una capa pegajosa que se secaba y endurecía para formar una cubierta protectora.

El interior de la casa era un gran espacio abierto. Las columnas del tejado servían para separar el espacio longitudinalmente de tres en tres. El suelo era de tierra compactada. Las cenizas de las hogueras de la casa se añadían al suelo de tierra. Las brasas ayudaban a absorber la humedad y los olores. El fuego se utilizaba para cocinar y calentarse. Algunas casas comunales tenían varios fogones, mientras que otras tenían uno en el centro; realmente dependía de la longitud de la casa comunal.

Los bancos estaban empotrados en las paredes y se extendían a lo largo de la casa. Estos bancos de madera cumplían múltiples funciones. Reforzaban las paredes. También servían para que los residentes y visitantes comieran, trabajaran, se sentaran y durmieran. El espacio bajo los bancos se utilizaba como almacén. A menudo, las casas carecían de espacio para otros muebles. Las mesas utilizadas para comer eran plegables y se guardaban en las vigas cuando no se utilizaban.

Como la mayoría de los vikingos no tenían establos para sus animales, estos se guardaban en un extremo de la casa comunal. Las herramientas también se guardaban con los animales. Frente a la zona del granero de la casa larga estaba el lugar de trabajo. Allí se tejía, cosía y se realizaban otras tareas domésticas. El equipo necesario para producir materiales, como un telar, se situaba en esta sección de la casa larga.

Los vikingos vivían a menudo en familias multigeneracionales, por lo que docenas de personas podían convivir bajo un mismo techo. Casi todas las actividades se desarrollaban en el interior de estas casas abarrotadas. La gente trabajaba, jugaba, dormía, comía y cocinaba dentro de la casa, especialmente en invierno. En otras estaciones, los animales de granja pastaban fuera. Había que cuidar los campos y a los animales.

El fuego era la zona central de reunión de la casa. Además de proporcionar calor y un medio para cocinar, el fuego proporcionaba la mayor parte de la luz. Las velas eran demasiado caras para la mayoría de las familias vikingas. Después de comer, las familias compartían historias y mitos de los dioses vikingos y jugaban a la luz del fuego. Sin embargo, sin chimeneas, las casas se llenaban a menudo de humo. El respiradero del tejado aliviaba parte del humo, pero las casas vikingas no siempre eran lugares sanos para vivir.

Las casas comunales de los líderes locales eran más grandiosas que la típica casa familiar. En las más grandes y elegantes se celebraban suntuosos banquetes y fiestas, ya que disponían del espacio y los servicios necesarios para albergar impresionantes reuniones sociales. Estas casas comunales eran el equivalente de los castillos medievales.

TERCERA PARTE: Guerra y armamento

Capítulo 9: Las principales batallas vikingas

Los vikingos aparecieron por primera vez en la escena mundial como talentosos incursores y guerreros con su ataque del año 793 al monasterio de Lindisfarne. Sus ataques rápidos y a menudo despiadados dieron lugar a siglos de asaltos a lo largo de la costa europea, Gran Bretaña e Irlanda. Durante estos años, los vikingos se hicieron con el control de las costas y accedieron a las regiones del interior, donde establecieron asentamientos. Se produjeron numerosos enfrentamientos cuando los líderes y reyes escandinavos lucharon contra los reyes y líderes europeos por el dominio.

Durante los primeros años de la era vikinga, los líderes de las incursiones no se coordinaban con los demás. Las incursiones solían ejecutarse con el objetivo de asegurarse un pago para abandonar el país. Sin embargo, esto cambió en 865. El Gran ejército pagano llegó a Inglaterra. Bajo el liderazgo coordinado de los hijos de Ragnar Lothbrok, este ejército trató de conquistar la mayor parte posible de Inglaterra. Además, trataron de apoderarse de tantas riquezas como fuera posible de los monasterios.

Aunque el reino de Northumbria contaba con un mayor contingente de soldados, los vikingos, curtidos en mil batallas, tuvieron éxito. El Gran ejército pagano capturó el reino de Northumbria y su capital, York. Al formar el reino de Jórvík, los vikingos crearon su primer asentamiento permanente en Gran Bretaña. Los vikingos mantuvieron el control de Jórvík hasta 954. Desde este lugar, los vikingos conquistaron los reinos de Anglia Oriental y Mercia.

Solo el reino de Wessex fue inmune al poder de los vikingos, en parte debido al *danegeld* pagado por el rey Alfredo. Este pago garantizaba que los vikingos dejarían indemne al reino de Wessex.

En 878, el Gran ejército pagano y su líder, Guthrum, ocupaban las secciones norte y este del mundo anglosajón. Con este control, Guthrum obligó al rey de los anglosajones, Alfredo, a exiliarse.

Cansado de perder continuamente tierras a manos de los vikingos, uno de los líderes locales del rey Alfredo, Odda, el ealdorman (un noble de alto rango) de Devin, reunió un ejército para luchar contra los vikingos. Odda dirigió a sus tropas en la batalla de Cynwit, llamada así por la colina en la que se libró la batalla. El líder vikingo en Devan, Ubba, y sus guerreros rodearon a las tropas sajonas occidentales. Los anglosajones sabían que perecerían en su fortaleza sin comida ni agua o morirían en la batalla.

Los anglosajones salieron rugiendo de la fortaleza con tal intensidad salvaje que sorprendieron a los vikingos. Odda y sus soldados mataron a cientos de guerreros vikingos y a Ubba, su líder. La victoria fue una victoria moral para los anglosajones. Sin embargo, su rey seguía escondiéndose de Guthrum.

Guthrum persiguió a Alfredo, entrando por los accesos este y sur del reino de Wessex. Este ataque sorpresa en invierno obligó a Alfredo y a su corte a escapar a Athelney. Mientras estaban escondidos en los pantanos, Alfredo y sus partidarios construyeron un fuerte. Desde aquí, Alfredo reclutó más tropas. Cuando llegó la primavera ya había reunido a su ejército.

Tras convocar una formación en la Piedra de Egberto, Alfredo y sus tropas marcharon a Edington. Se eligió este lugar porque su frontera era la fortaleza vikinga de Chippenham. Los anglosajones formaron una eficaz y sólida muralla de escudos. Los vikingos fueron obligados a volver a la fortaleza y ahora eran ellos los que se enfrentaban a la inanición. Durante dos semanas, Guthrum y sus tropas vivieron bajo asedio. El decimocuarto día, los vikingos se rindieron.

En virtud del tratado que Alfredo y Guthrum firmaron (el Tratado de Wedmore), los vikingos se vieron obligados a retirarse de Wessex. Solo podían vivir en las tierras que ya controlaban en Inglaterra. Alfredo siguió siendo rey de Kent, Wessex y Mercia Occidental. Los vikingos siguieron gobernando las regiones septentrionales y orientales de Inglaterra, que pasaron a conocerse como el Danelaw. La gente que vivía en las zonas estipuladas como el Danelaw seguía las leyes y costumbres vikingas. El control de Inglaterra estaba ahora legalmente dividido entre los vikingos y los ingleses.

Alfredo el Grande comprendió perfectamente el poder y la furia de las fuerzas vikingas. Además de las disposiciones del tratado, Alfredo modificó sus tácticas militares. Reforzó sus defensas y comenzó a instalar fortalezas fronterizas. Se avanzó activamente en el asentamiento y crecimiento de *burhs*, que eran ciudades fortificadas. Esto proporcionó otra capa de protección contra cualquier futuro ataque vikingo.

La mezcla de las culturas vikinga y anglosajona se produjo como parte del Tratado de Wedmore. Otra disposición del tratado era que Guthrum y sus líderes se convirtieran al cristianismo. Una vez que Guthrum fue bautizado, se convirtió en Aethelstan. Guthrum también comenzó a acuñar monedas siguiendo los métodos anglosajones. Esto estimuló un aumento del comercio entre las zonas del Danelaw y los anglosajones.

No todo transcurrió en armonía entre los dos grupos, especialmente tras la muerte de Alfredo el Grande en 899, que se esforzó por unificar Inglaterra. Dos pretendientes declararon su derecho al trono. Uno era el hijo de Alfredo, Eduardo el Viejo; el otro demandante era su sobrino, Ethelwold. Cuando el padre de Ethelwold y hermano mayor de Alfredo, el rey Etelredo I, murió, se decidió que Ethelwold era demasiado joven para asumir el trono. Por lo tanto, Alfredo fue declarado rey en su lugar.

Ahora que Alfredo había muerto, Ethelwold quería lo que consideraba su derecho de nacimiento. La batalla de Holme se produjo como una lucha por el trono. Ethelwold se alió con los vikingos. Fue aceptado como líder por los vikingos y dirigió el asalto contra los anglosajones en Mercia y el norte de Wessex. En respuesta, Eduardo atacó a los vikingos en Anglia Oriental, provocando la huida de los nórdicos a sus propias tierras.

Dando por concluida la batalla, Eduardo se retiró. Sin embargo, algunas de las tropas de Eduardo permanecieron en el sitio. La sangrienta batalla continuó mientras Ethelwold y los guerreros vikingos masacraban a los anglosajones. Sin embargo, Ethelwold murió en la batalla de Holme, poniendo fin a su lucha por la corona.

El hijo de Eduardo, Aethelstan, que se convirtió en rey en 924, y su hermano, Edmund, lideraron las primeras fuerzas inglesas unificadas en su siguiente gran batalla. Los hermanos combinaron sus tropas de Mercia y Wessex contra los invasores. Las fuerzas combinadas de los reinos de Dublín, Escocia y Strathclyde atacaron a los anglosajones.

En esta época, la tierra que hoy es Gran Bretaña tenía una configuración diferente. Los condes de Northumberland, de ascendencia vikinga, gobernaban la parte norte de la actual Inglaterra. Irlanda estaba dirigida por el escandinavo Olaf o Ánláf Guthfrithsson, que era rey de Dublín. Más al norte, en la actual Escocia, se encontraba el reino de Alba, gobernado por Constantino II, rey de los escoceses. La última parte de la coalición era de Strathclyde, que estaba dirigida por Owen I. Strathclyde se encontraba en las tierras que forman parte de Escocia y Gales.

Otra batalla entre los vikingos y los anglosajones tuvo lugar en la batalla de Brunanburh en 937. Fue una de las batallas más mortíferas libradas en tierras británicas, y durante años se la denominó la «gran batalla». Brunanburh fue una victoria fundamental en la continua hostilidad entre las fuerzas escandinavas y los anglosajones. Las consecuencias de la batalla tuvieron efectos duraderos, algunos de los cuales aún se sienten hoy en día.

Antes de la batalla de Brunanburh, los territorios anglosajones estaban gobernados por muchos. Los condes buscaban continuamente el poder, la tierra y el liderazgo, lo que provocaba una falta de unificación frente a los invasores vikingos. Tras esta batalla, los reinos anglosajones pasaron a convertirse en un reino unificado. Comenzaron a trabajar para asegurar mejor sus fronteras al norte y al oeste. Finalmente, los países de Escocia, Irlanda y Gales se formaron fuera de las fronteras de Inglaterra.

Mientras el Gran ejército pagano libraba algunas batallas y otras bandas de vikingos combatían a los anglosajones y a otros, grupos de vikingos seguían asolando y saqueando. El miedo y el temor se apoderaron de muchas ciudades y pueblos vulnerables de la costa. Muchos líderes creían que la mejor respuesta a las incursiones vikingas era pagar a los invasores para que se marcharan. Otros pensaban que debían proteger sus tierras y a su gente.

Uno de estos líderes fue el ealdorman de Essex, Byrhtnoth. En 991, hasta tres mil vikingos desembarcaron en la isla de Northey, frente a la costa de Essex. Separados del continente por el estuario de Blackwater, el rey Olaf Tyrggvasson y sus hombres esperaron a que el río bajara con la marea.

Tyrggvasson y los vikingos exigieron a gritos el pago de oro y plata, diciendo que se marcharían si se satisfacían sus demandas. Aunque Byrhtnoth tenía menos guerreros, rechazó sus demandas. Así comenzó la batalla de Maldon.

A medida que la marea bajaba, los vikingos comenzaron su asalto. Los hombres de Byrhtnoth atraparon a los vikingos en una estrecha franja de tierra, por lo que los vikingos se retiraron. Tras quedar atrapados de nuevo en la isla, los vikingos pidieron que se les permitiera cruzar con seguridad para que la batalla pudiera librarse limpiamente a un lado de la vía fluvial. Muy noblemente, Byrhtnoth accedió y cedió su ventajosa posición.

Una vez que los vikingos se encontraron con las tropas de Byrhtnoth, se desató una feroz lucha. La batalla terminó con la decapitación de Byrhtnoth y una convincente victoria para los vikingos. Tras la batalla, el rey Etelredo pagó a los vikingos en plata. Algunos investigadores estiman que los vikingos se marcharon con hasta cinco toneladas de plata, valoradas hoy en más de tres millones de dólares. Además de derrotar contundentemente a los hombres de Byrhtnoth, la capacidad de los vikingos para obtener rescates, conocidos como *danegeld*, hizo de las incursiones un negocio extremadamente rentable.

Las incesantes incursiones vikingas y las demandas de *danegeld* resultaron debilitantes para el rey Etelredo. Su capacidad para conservar el poder y el reinado estaba disminuyendo. En respuesta, Etelredo estableció su matrimonio con Emma, que era de ascendencia normanda y vikinga. El rey pensó que Emma sería capaz de unir a los daneses y los anglosajones.

La siguiente maniobra política de Etelredo para hacer frente a su menguante poder y a la creencia de que los vikingos estaban tramando su muerte fue ordenar la muerte de los escandinavos que vivían en Inglaterra. Las ciudades fronterizas con los territorios sajones y del Danelaw fueron el objetivo. La directiva de Etelredo se promulgó el 13 de noviembre de 1002, que era el día de San Brice. El evento se conoce ahora como la masacre del día de San Brice. Aunque supuestamente se ordenó una redada de hombres, mujeres y niños, las pruebas arqueológicas demuestran que el objetivo fueron sobre todo guerreros vikingos experimentados.

Se desconoce el número total de muertos; sin embargo, se ha establecido que la hermana del rey de Dinamarca y su marido murieron en la carnicería. La hermana de Svend Forkbeard, Gunnhild, y el ealdorman de Devonshire, Pallig Tokesen, su marido, murieron ese día.

Svend era conocido por su brutalidad, que incluía el violento derrocamiento del reinado de su padre (su padre era el rey Harald Diente Azul). Durante décadas, Svend había incursionado continuamente en Inglaterra, creando un clima de terror. Ahora que el rey Etelredo había asesinado a su hermana, Svend bombardeó Inglaterra con persistentes ataques como represalia. Sus ataques fueron tan despiadados e implacables que el pueblo de Inglaterra cedió y nombró rey a Svend en 1013. El rey Etelredo, Emma y sus hijos se vieron obligados a escapar y vivir en el exilio.

El reinado de cinco semanas de Svend como primer rey vikingo de las tierras anglosajonas terminó con su muerte en febrero de 1014. Etelredo y su familia regresaron del exilio y obligaron al hijo de Svend, Canuto, a abandonar el país.

Canuto comenzó su búsqueda para recuperar el trono inglés en 1015. Una serie de batallas con el hijo de Etelredo, Edmund Ironside, por la corona de Inglaterra culminó en la batalla de Assandun en octubre de 1016. En los cuatro encuentros anteriores entre Canuto y sus guerreros, así como Edmund y sus tropas, Edmund fue el vencedor de tres de las batallas. Sherston se consideró un empate.

Al entrar en Assandun, el número de fuerzas de Canuto había disminuido considerablemente. Sin embargo, muchos historiadores creen que un traidor de las filas de Edmundo, Eadric Streona, influyó en los resultados de Assandun. Canuto no confiaba en Eadric y, un año después, lo mandó matar.

Edmundo no estaba dispuesto a ceder la corona y el trono, pero se vio obligado a huir. Una última batalla se interpuso entre Canuto y el poder sobre Inglaterra. La batalla de Dane's Wood puso fin a los dos años de lucha por el trono de Inglaterra. Canuto derrotó contundentemente a Edmund.

En su acuerdo para dejar de luchar, los reyes Edmundo y Canuto acordaron repartirse Inglaterra. Edmundo retuvo el control sobre Wessex, y Canuto obtuvo el resto de las tierras anglosajonas. También se detallaba en el tratado la longevidad del trato. El pacto se cumpliría hasta que uno de los dos hombres muriera. El hombre sobreviviente asumiría el control sobre el territorio del difunto.

Apenas un par de meses después de que hicieran las paces, Edmund murió. Canuto era ahora el líder de Inglaterra. Su coronación se llevó a cabo en diciembre de 1016. Para aumentar su poder, Canuto se casó con la madre de Edmund, Emma.

Capítulo 10: Armaduras y armas

Las armas fueron una herramienta esencial durante la era vikinga. Aumentaban la ferocidad del guerrero vikingo. Cuando atacaban aldeas y saqueaban en busca de plata y otros objetos de valor, los combatientes vikingos iban armados con una gran variedad de armas. Las hachas eran la herramienta más común de su arsenal. El acceso a otras armas dependía a menudo de la riqueza y el estatus social de cada uno.

No solo se recurría a las armas en las incursiones, sino que todos los hombres vikingos libres también llevaban armas. Todos los hombres, salvo los siervos, estaban preparados para defender sus comunidades, familias y granjas. Los siervos o esclavos tenían prohibido portar cualquier tipo de arma. Como la mayoría de los escandinavos vivían en granjas durante la era vikinga, las mujeres y los niños tenían cuchillos para su trabajo; en muchas tumbas de mujeres había hachas que se habían utilizado en la granja.

En una sociedad que valoraba una reputación honorable, los hombres escandinavos creían que llevar un arma no solo era su derecho, sino también su deber. Por la noche, las armas se guardaban junto a la cama de cada hombre. Si se producía un ataque nocturno, los hombres podían defender fácilmente a su comunidad.

Como las hachas eran las más asequibles, eran el arma más común. Hombres de todos los estratos sociales llevaban un hacha para protegerse. Las espadas eran el arma más cara, por lo que solo los hombres más ricos tenían acceso a ellas. Algunos vikingos también se adornaban con cascos, lanzas, cuchillos y arcos y flechas.

Cuando los jefes o magnates locales sabían que iban a realizar una incursión, reclutaban a los hombres de la zona. A veces, lo hacían a través de un mensajero enviado por un rey. Como se mencionó antes, este rey era diferente a la realeza actual. No gobernaban un país entero. Estos reyes podían tener más poder, tierras y dinero que los condes locales, por lo que podía formar un ejército. Se esperaba que todos los hombres, incluidos los esclavos, respondieran.

A los cinco días de la proclamación del mensajero, todos los hombres se reunían en el barco de su líder. Se esperaba que los siervos llegaran con armas, pero todos debían presentarse limpios, alimentados y listos para la batalla. Los guerreros utilizaban sus habilidades y armas para amasar tesoros. Tras el asalto, las riquezas se repartían entre la tripulación en función del rango.

Los hombres de todos los rangos llevaban su hacha consigo al barco y a la batalla. Las hachas utilizadas en la batalla se diferenciaban de las empleadas como aperos de labranza y en la construcción naval. Desde el comienzo de la era vikinga hasta que su poder decayó, las hachas utilizadas por los guerreros escandinavos se hicieron más avanzadas. La riqueza del propietario determinaba el estilo, el tamaño y la forma de las hachas.

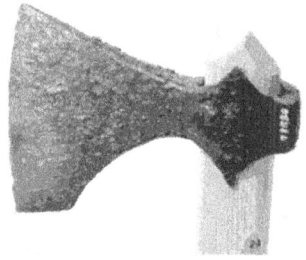

Hachas vikingas halladas en Noruega
https://commons.wikimedia.org/wiki/File:Viking_axes_Norway.svg

Normalmente, los hombres vikingos llevaban las hachas en la cintura. Se crearon cinturones para sujetar el hacha. Las hachas diseñadas para la batalla tenían mangos largos y hojas más anchas que las de las herramientas. Al principio, las hachas de batalla tenían filos de acero de entre 7 y 15 centímetros. Con el tiempo, los guerreros lucharon con hachas de acero de 23 a 45 centímetros. Con mangos ligeros y una cabeza de hacha ancha y bien equilibrada, los vikingos tenían una ventaja mortal en la batalla. Las hachas proporcionaban a los guerreros un amplio rango de ataque y un manejo ágil.

Las armas eran tan importantes para los vikingos que a menudo les ponían nombre (como muchos hacen hoy con sus coches o barcos). Una de las hachas de batalla más conocidas perteneció al rey Magnus. En 1042, Magnus fue nombrado rey de Dinamarca. Svend Estridsson impugnó esta afirmación. La noche anterior a la batalla de Lyrskov Heath, el rey Magnus creyó que su padre, Olaf Haraldsson, se le había aparecido en sueños. Usando el sueño como una señal, Magnus se levantó en armas contra Svend por el control de Dinamarca.

Dirigiendo a sus guerreros en la batalla, Magnus utilizó Hel, el hacha de batalla que le dejó su padre, Olaf II el Santo. Confiando en que Olaf y Hel guiarían a sus hombres hacia la victoria, Magnus y sus tropas diezmaron las fuerzas de Svend, matando a más de 15.000 hombres. Snorri Sturluson plasmó la victoria y el uso del hacha en su colección de sagas sobre los primeros reyes escandinavos. En *Heimskringla* («Círculo del mundo»), Sturluson relató numerosas historias sobre el reinado de Olaf, que incluían su hacha mística, Hel.

Otra arma muy utilizada por los guerreros vikingos era la lanza. Las lanzas eran un arma versátil para los escandinavos. Como las lanzas se fabricaban con menos hierro que las espadas, eran más fáciles de conseguir para las clases bajas. Las lanzas se fabricaban en dos estilos. Las más ligeras se arrojaban a los combatientes enemigos. Las lanzas más pesadas se clavaban en el enemigo en combates cuerpo a cuerpo.

Las lanzas tenían un significado especial para los vikingos. Odín, el dios nórdico de la guerra y soberano del Valhalla, iniciaba sus batallas con Gungnir, su lanza. En la primera batalla de los dioses, Odín arrojó a Gungnir sobre el enemigo y gritó: «Odín es dueño de cada uno de vosotros». Otros líderes vikingos repitieron este acto al comienzo de las batallas. Los guerreros vikingos creían que así ofrecían el enemigo a Odín. A cambio, Odín protegería a los vikingos y velaría por ellos.

Participar en este ritual aseguraba la victoria con la ayuda de Odín y su lanza.

Al igual que con las lanzas, había dos estilos de cuchillos utilizados por los vikingos. La herramienta más común en el cinturón táctico de los guerreros era un cuchillo. Las versiones más pequeñas de estos cuchillos se utilizaban como herramientas. Casi todo el mundo en la era vikinga llevaba un cuchillo, incluidos los esclavos. Los guerreros más ricos usaban el *seax*, que era un cuchillo más grande y mortífero. Los *seaxes* actuaban más como un machete en combate.

Imagen de un *seax*
Museo Británico, CC0, vía Wikimedia Commons;
https://commons.wikimedia.org/wiki/File:British_Museum_Sittingbourne_Seax.jpg

Los arcos y las flechas se utilizaban para cazar y combatir. Estos equilibraban las herramientas utilizadas en el combate cuerpo a cuerpo. Esta arma permitía a los vikingos disparar al enemigo cuando estaba más lejos. A partir de los arcos y flechas recuperados de la época, se cree que la fuerza de tiro de estas armas vikingas alcanzaba entre 90 y 120 libras de fuerza. Esta fuerza creaba un alcance de entre 180 y 220 metros de distancia de ataque.

Como parte de la táctica vikinga, los vikingos bombardeaban a su adversario con arcos y flechas, anunciando su llegada. La mayoría de los guerreros escandinavos podían cargar y recargar sus arcos a gran velocidad, disparando doce flechas por minuto. Una vez que los vikingos desembarcaban de los barcos, comenzaba el combate cuerpo a cuerpo. En esta fase de la lucha, los vikingos recurrían a otras armas de su arsenal.

El arma más valorada por los asaltantes era la espada. Dado que las espadas eran las armas que requerían más hierro para su fabricación, eran las más caras de producir. Por lo tanto, solo la élite tenía acceso a las espadas, lo que las convertía en un símbolo de estatus y distinción en la era vikinga. Poseer espadas tenía una reputación tan gloriosa que se regalaban o pasaban de una generación a otra en la misma familia.

Tras participar en una o dos incursiones vikingas, los tesoros saqueados y repartidos entre la tripulación solían permitir a un incursor comprar una espada decente. Los de mayor estatus podían fabricar espadas con elaborados adornos. La creación de una espada podía llevar hasta un mes. En la saga islandesa sobre el pueblo de Laxardal, el costo de una espada equivalía al valor de dieciséis vacas lecheras.

Las espadas no formaban parte del cinturón vikingo. Tenían unos soportes especiales llamados vainas. Estas fundas estaban hechas de cuero o madera. Las vainas se sujetaban al hombro derecho del guerrero. Aunque de este modo las espadas estaban fácilmente disponibles, no se utilizaban a menudo en la batalla. En cambio, muchos guerreros llevaban sus espadas para mostrar su rango.

Las espadas forjadas para las primeras incursiones vikingas se doblaban fácilmente en combate porque se fabricaban con hierro de mala calidad. Cuando los herreros vikingos empezaron a utilizar el proceso de soldadura de patrón, la calidad de las espadas mejoró.

Gracias a la soldadura de patrón, se consiguió una hoja más duradera. Los herreros unían secciones de hierro de distintas composiciones. A continuación, las enrollaban y les daban forma bajo un calor extremo. Un herrero con talento podía distribuir el hierro con distintos niveles de carbono para generar un equilibrio de maniobrabilidad y dureza en el metal. Luego daban forma a la espada a partir de las mezclas de hierro fundido.

Una espada de calidad aún mayor apareció en el armamento de los vikingos a principios del siglo IX. Los arqueólogos han encontrado algo más de 170 de estas espadas. Las pruebas demuestran que la producción de las espadas Ulfberht finalizó alrededor del año 1000.

Aún no se sabe cómo se forjó el acero para estas espadas. Hay teorías creíbles que explican cómo se fabricaba el acero. Hay pruebas de que el acero de crisol, con el que se fabricaron las espadas Ulfberht, se utilizaba en la zona de la India actual hacia el año 300 a. e. c. El acero aparece de nuevo en la era vikinga y no vuelve a aparecer hasta 1770.

Los expertos creen que los vikingos encontraron este material en sus viajes, ya fuera a los reinos francos cercanos o desde Asia central. Muchos investigadores creen que los vikingos aprendieron la tecnología necesaria para producir este metal y arma superiores. También reunieron los materiales necesarios en sus viajes, razón por la que la producción cesó hacia el año 1000. Este momento coincide con la interferencia de Rusia en las rutas comerciales vikingas.

Independientemente de cómo adquirieran los vikingos esta tecnología y los materiales necesarios, fabricar acero de crisol era una hazaña increíble. La producción de acero para las espadas Ulfberht requería la participación de muchos herreros. Los maestros artesanos y sus aprendices trabajaron con diligencia para llevar a cabo esta tarea, desde la fabricación del acero hasta el moldeado de la hoja, pasando por la formación de las empuñaduras y la creación de adornos enjoyados.

Estas espadas proporcionaban a los vikingos una ventaja superior en la batalla. Las espadas Ulfberht eran más ligeras que las fabricadas con el hierro de otras armas. Los guerreros podían manipular sus espadas sin esfuerzo en la batalla. Como el acero con alto contenido en carbono es algo flexible, las espadas no se rompían o quebraban con tanta facilidad. El hierro de crisol crea un material resistente, por lo que las hojas de estas espadas conservaban su filo durante todo el combate.

El hierro se liquidificaba para eliminar las impurezas. No existen pruebas de hornos que pudieran alcanzar el nivel de calor necesario para el proceso, por lo que se cree que los herreros vikingos martilleaban las impurezas del mineral de hierro. Después añadían carbono al hierro fundido para fortalecerlo. El análisis de las espadas Ulfberht reveló que contienen casi tres veces más carbono que el resto del hierro utilizado en esta época.

Las espadas fabricadas con este acero llevaban estampada la inscripción de Ulfberht (dos cruces y una T). Al principio, algunos investigadores pensaron que se trataba de la marca de un herrero. Sin embargo, dado que las espadas se fabricaron durante más de trescientos años, ahora se cree que la inscripción era utilizada por aquellos que podían crear este acero.

Las espadas fabricadas con hierro de crisol eran tan asombrosas que se hicieron falsificaciones. Las espadas que se han descubierto tienen las dos cruces requeridas y Ulfberht sin la T. Los guerreros que tuvieron la suerte de usar estas espadas y otros que observaban con asombro lo que lograban creían que había elementos sobrenaturales en la creación de las espadas.

Solo los herreros y sus trabajadores entendían el oficio. Esto aumentaba el misterio asociado al poder de las espadas Ulfberht y al trabajo del metal en general. En los primeros años de la era vikinga, la mayoría de los herreros trabajaban con todos los metales. Con el paso del tiempo, los herreros se especializaron más y trabajaron el hierro y el acero. Los artesanos compartían sus conocimientos del oficio con sus aprendices, que a menudo eran miembros de la familia. El misterio que rodeaba sus habilidades aumentaba el aura sobrenatural de las espadas.

Los pueblos que tenían sus propios herreros eran afortunados. Los herreros fabricaban armas para guerreros y propietarios, artículos para el hogar y herramientas para la granja. Tener a alguien con este nivel de destreza aumentaba la autosuficiencia de una comunidad. Los reyes y *jarls* de alto rango tenían sus propios herreros.

Los mitos describen la capacidad mágica de los herreros para forjar herramientas y armas para los dioses. Los nombres que se daban a las armas de dioses y guerreros enfatizaban su poder. A menudo se creaban *kennings* (frases descriptivas elaboradas) para realzar la importancia del propietario y la capacidad mística de la espada, el hacha o la lanza.

A veces, para las espadas se utilizaba una combinación de dos o tres palabras para crear una frase, como mordedor de piernas, mordedor de pies o hacedor de agujeros. Para los afortunados que tenían espadas con linaje, el *kenning* de la espada hablaba de las conexiones ancestrales con el arma. Invocar el nombre de «garras de lobo» al entrar en combate infundía al guerrero la fuerza y la astucia de un lobo.

Capítulo 11: Barcos vikingos

Las tácticas militares de los vikingos y su habilidad para manejar sus armas en la batalla los convirtieron en enemigos indomables y temidos durante cientos de años. Sin embargo, sin su pericia en la construcción naval, el dominio de los vikingos no se habría producido. Cuando el barco largo con una cabeza de serpiente en la proa cruzaba el horizonte a la vista de los que estaban en tierra, la gente sabía que debía tener miedo. Y eso era justo lo que querían los vikingos.

Además de hacer incursiones, los barcos vikingos permitieron a los nórdicos explorar y ampliar sus territorios. Los vikingos descubrieron rutas comerciales, lo que les permitió fomentar sus asentamientos y establecer ciudades para comerciar.

Los fundamentos geográficos de las tierras natales de los escandinavos facilitaron su búsqueda de métodos para atravesar las vías fluviales. Ríos, fiordos, lagos, estrechos y el océano rodeaban y convocaban a los primeros escandinavos. Ya en el año 350 a. e. c., las primeras canoas se tallaban en los árboles locales, proporcionando una forma de navegar por las tierras. Desde entonces hasta los albores de la era vikinga, las embarcaciones escandinavas se transformaron radicalmente.

Durante la Edad Media, había dos métodos principales de construcción naval. Uno era el *carvel* (casco liso). Primero se construían las cuadernas de los botes y barcos de madera fabricados de esta manera. A continuación, se fijaban los tablones a las cuadernas. La madera utilizada en el ensamblaje se cortaba con sierras. La madera aserrada se cortaba a lo largo de la veta de la madera, lo que debilitaba la resistencia de las vigas de madera. Por lo tanto, los barcos que seguían la construcción *carvel* tenían más dificultades para navegar por las corrientes del agua, lo que producía un paso agitado y lento.

Con sus vastos recursos madereros, los vikingos pudieron construir sus embarcaciones utilizando el estilo *Clinker* (casco trincado). A diferencia del *carvel*, el exterior de un barco *clinker* se erigía primero. El armazón del navío se construía más tarde en el proceso de construcción naval. Los barcos de *carvel* podían construirse con cualquier tipo de madera, pero los de *clinker* requerían la madera superior de pino y roble. Ambos árboles eran fáciles de conseguir en la construcción naval escandinava. La madera verde o sin curar se utilizaba en la construcción de barcos de *clinker* porque es flexible.

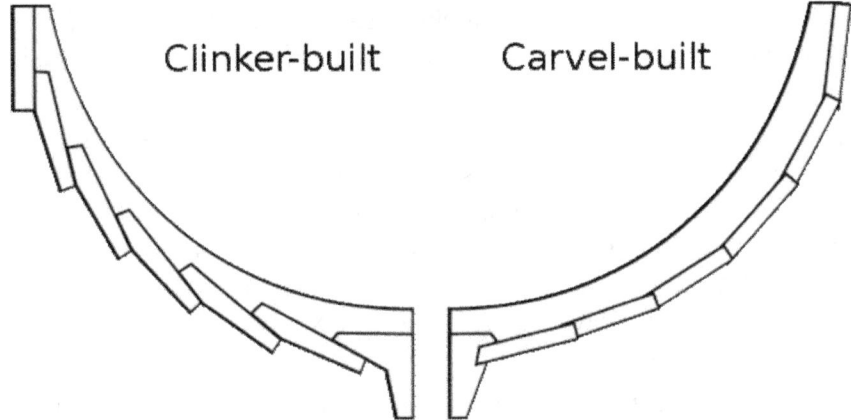

Esquema de la construcción naval en *clinker* y *carvel*
https://commons.wikimedia.org/wiki/File:Clinker-carvel.svg

Las maderas de roble se utilizaban para la quilla, que prolongaba la longitud del barco y creaba la línea central. Los constructores vikingos fueron de los primeros en dotar a los barcos de quillas, que añadían estabilidad a la embarcación. La popa y la proa se fijaban a la quilla. Los tablones superpuestos se unían con remaches para añadir durabilidad al casco. Se ensartaban pelos de animales y raíces de abeto para atar los tablones al armazón del barco.

La fuerza adicional de esta parte del método del *clinker* creaba un armazón más ligero. Los barcos vikingos también eran más flexibles, lo que les permitía doblarse y girar con las olas. Las juntas se rellenaban con materiales de desecho y se cubrían con alquitrán para hacerlas estancas. La construcción de los cascos permitía a los barcos navegar en cursos de agua poco profundos; los barcos de *carvel*, más pesados, no eran funcionales para ellos.

Los constructores navales vikingos eran expertos en el uso del hacha. En lugar de la dureza del aserrado de la madera, los artesanos escandinavos eran capaces de crear sutiles incisiones en la madera. Tallando con la veta de la madera, los vikingos creaban barcos más fuertes, flexibles y ligeros. Los guerreros vikingos eran capaces de navegar en muchas vías fluviales diferentes.

Dado que los vikingos viajaban por vías fluviales de muchos tamaños diferentes con diversos fines, se fabricaron muchos estilos de barcos. La mayoría de las embarcaciones utilizadas por los escandinavos eran funcionales y necesarias para las tareas cotidianas. Pescar, visitar otros pueblos y transportar mercancías y personas crearon la necesidad de pequeñas embarcaciones para muchos. Estas embarcaciones navegaban río arriba y río abajo, de un lado a otro de los lagos y cortas distancias a lo largo de la costa.

Para comerciar, los vikingos necesitaban embarcaciones capaces de resistir la fuerza y la imprevisibilidad de los océanos. Las rutas comerciales vikingas eran extensas. Los barcos que transportaban a los comerciantes y sus mercancías eran esenciales para la expansión de la riqueza y el poder de los escandinavos. Los barcos largos, que eran sinónimo de los asaltantes vikingos, no eran apropiados para el trabajo de los comerciantes.

La robustez y la fiabilidad eran las dos características fundamentales de los barcos mercantes. Estos barcos se construían para transportar carga, por lo que contaban con cascos más anchos y profundos para almacenarla. Llegar intacto a cada puerto era más importante que la velocidad del barco. Estos atributos se equilibraban con el peso de los barcos. Los buques mercantes navegaban por diferentes vías fluviales, por lo que a menudo la tripulación los transportaba por tramos de agua poco profundos y no accesibles o por puertos.

Para adaptarse a las numerosas vías fluviales por las que navegaban los mercaderes, construyeron dos tipos de barcos mercantes. Los *knarrs* estaban diseñados para transportar carga pesada en largas travesías oceánicas; algunos *knarrs* tenían capacidad para más de cuarenta toneladas de carga y pasajeros. Debido a su pesada carga, estos barcos mercantes dependían de la fuerza del viento y eran propulsados por un gran mástil. En días de viento fuerte, los *knarrs* navegaban hasta setenta millas. Las tripulaciones contaban con una media de treinta hombres, por lo que podían maximizar su capacidad de peso con la carga.

Maqueta de un *knarr*
Europabild,, CC BY-SA 3.0 <https://creativecommons.org/licenses/by-sa/3.0>, vía Wikimedia Commons; https://commons.wikimedia.org/wiki/File:Modell_Knorr.jpg

Para las rutas comerciales interiores, los vikingos diseñaron las *byrdings* para transportar cargas más ligeras. Las tripulaciones escandinavas cuyas rutas marítimas eran más difíciles de maniobrar navegaban en *byrdings*. Las embarcaciones estaban equipadas con remos y una gran vela, similar a la de los *knarrs*. Sin embargo, la tripulación, formada por unos quince hombres, utilizaba principalmente los remos para manipular la embarcación. Las mercancías y sus mercaderes se transportaban rápidamente de puerto a puerto en *byrdings*.

Los barcos diseñados para transportar más guerreros que carga eran los emblemáticos *langskib* vikingos (barcos largos). Tallados con proas de elaborados diseños, a menudo con representaciones de animales aterradores, los *langskib* significaban que el derramamiento de sangre era inminente. Apodados *drakkar* por las cabezas de dragones, la visión de uno de estos magníficos navíos sembraba el terror por toda la tierra.

Ya en el siglo VI a. e. c. se utilizaban las primeras versiones de estos barcos. A lo largo de la Edad Vikinga, los navíos vikingos se dividieron en cuatro categorías principales. Sin embargo, todos seguían un diseño similar. Estaban diseñados para navegar por aguas que iban desde mares agitados hasta estuarios poco profundos. Los *drakkar* podían navegar en ríos con aguas de hasta un metro de profundidad. Esto permitía a los guerreros rozar la superficie del agua y saltar del barco a la batalla. Otras embarcaciones estaban equipadas con pequeños botes de remos que permitían a los vikingos llegar a la costa sin dañar la embarcación.

Boceto de un *langskib* vikingo
https://commons.wikimedia.org/wiki/File:Viking_longship.png

Otra característica de los *langskib* que ayudó a los vikingos en sus exitosas incursiones fue su capacidad para invertir la dirección de las velas sin necesidad de dar la vuelta al barco. Los *langskib* estaban diseñados para tener dos extremos, de modo que pudieran navegar hacia delante o hacia atrás. Los *langskib* estaban equipados con mástil, vela y remos, de modo que los vikingos podían remar manualmente si no había viento para propulsar el barco.

Para pilotar los *langskib* se utilizaba un remo sujeto al costado del barco. El operador se situaba en la popa derecha del barco. Pilotaba el barco moviendo el remo en la dirección en la que navegaban. Con el tiempo, la timonera evolucionó hacia estribor o el lado derecho de la embarcación.

A medida que aumentaba el alcance y la frecuencia de las incursiones vikingas, sus *langskib* evolucionaron para satisfacer mejor sus necesidades. Se diseñaron y construyeron barcos con una mayor capacidad de carga y la posibilidad de transportar más tripulantes y navegar distancias más largas.

De la era vikinga surgieron cuatro clases principales de *langskib*. La clase *karvi* se creó para incursiones más pequeñas. La tripulación media era de unos treinta guerreros cuando los barcos se utilizaban para la batalla. Debido a su diminuto tamaño, los *karvi* no podían navegar tan lejos como otros barcos en mar abierto. Se utilizaban en incursiones, pero a menudo se empleaban para otros fines domésticos.

El *snekkja* era la clase de barco que se construía y navegaba con más frecuencia. Tenía una tripulación de unos cuarenta hombres y estaba equipado con veinte pares de remos. Estos barcos eran más fáciles de construir para los constructores navales, ya que solo tenían unos dieciocho metros de eslora. Aunque eran más pequeños que los barcos de guerra vikingos, los *snekkjas* aún podían albergar las recompensas de una incursión fructífera.

El éxito de las incursiones vikingas llevó a la creación de nuevos tipos de navíos para que los guerreros pudieran sacar provecho de sus triunfos. La siguiente clase de navío vikingo, el *skeid*, era más grande y navegable. Estas intimidantes embarcaciones, que podían tener más de treinta metros de eslora, se construían para transportar a setenta guerreros. Los *skeids* llevaban velas y hasta treinta pares de remos.

Los barcos de guerra vikingos, o de la clase *busse*, eran los más impresionantes de todos los barcos vikingos. Los que navegaban a bordo de un *busse* podían recorrer distancias mucho mayores a través del océano. Las mayores zonas de carga permitían almacenar suministros para largas distancias y las recompensas obtenidas una vez que los asaltantes desembarcaban en tierra. Estos barcos eran mucho más largos que otros, con 48 metros, y podían albergar una tripulación de 80 guerreros. Al igual que otros barcos, el *busse* podía ser propulsado por los 35 juegos de remos o por sus velas.

La clase *busse* también se conoce como *drakkar* por la feroz cabeza de dragón o serpiente tallada en la proa del barco. El diseño del intimidante animal solía continuar en la popa del barco con la cola del dragón o la serpiente. A la imagen terrorífica de los barcos se añadían las alas creadas con las velas y las patas de bestia de los remos. Los dragones lideraban la flota y anunciaban la llegada de los guerreros saqueadores.

Muchos barcos vikingos utilizaban parrillas para escudos. Se trataba de barandillas en las que los guerreros exhibían sus escudos. Los escudos vikingos solían estar decorados o pintados con diferentes motivos, escenas de dioses nórdicos o escrituras rúnicas. En el barco vikingo descubierto en Gokstad se encontraron 64 escudos amarillos y azules. Los escudos aumentaban el misticismo de la cabeza de dragón o serpiente que asomaba sobre el agua. Muchos investigadores creen también que los escudos protegían del viento y la lluvia. Como esto añadía resistencia al barco, otros investigadores suponen que los escudos no eran necesarios para protegerse de las inclemencias del tiempo, ya que no se colgaban en la pared hasta que el barco se acercaba a su destino. Entonces los escudos se montaban como protección contra las flechas y lanzas del enemigo. Cuando los guerreros desembarcaban, cogían sus escudos para usarlos en la batalla.

Al principio, los poderosos jefes o *jarls* supervisaban las incursiones. En los últimos años de la era vikinga, los reyes y jefes militares asumieron la responsabilidad de planificar y ejecutar las incursiones y los ataques de represalia contra otros jefes. Cuando las incursiones y conquistas vikingas crecieron en complejidad, reunieron una combinación de todo tipo de navíos de gran eslora. Los registros indican que los vikingos organizaban flotas compuestas por cientos de barcos.

Para llevar a cabo estos ataques, los líderes vikingos necesitaban un amplio conocimiento de los ejércitos contrarios. Se necesitaban muchas fases de planificación para reunir los barcos, los guerreros y los suministros de diferentes pueblos y ciudades. Para los vikingos fue una hazaña estratégica y logística asombrosa.

Los vikingos no solo eran maestros constructores de barcos y logistas, sino también navegantes muy hábiles. En algunas de sus primeras incursiones, los vikingos no perdieron de vista la costa y se guiaron por puntos de referencia naturales. Sus experiencias eran compartidas con otros navegantes vikingos. Al parecer, a medida que se alejaban de la costa, los vikingos utilizaban las islas como puntos de referencia.

Su conocimiento de la naturaleza los ayudaba a trazar los rumbos marítimos. Los marineros vikingos utilizaban los sonidos de los pájaros para saber cuándo había tierra cerca. Floki Vilgerdarson utilizó la ayuda de los cuervos cuando navegó desde Noruega en busca de la actual Islandia. Vilgerdarson soltó tres cuervos. Uno de ellos voló hacia las islas Feroe y el otro regresó al barco. El tercer cuervo voló por delante del barco; Vilgerdarson siguió la trayectoria del cuervo y navegó hasta Islandia.

Otros elementos del mundo natural guiaban a los marineros escandinavos. El color del agua indicaba cambios de temperatura, lo que proporcionaba información sobre su ubicación en el agua y su proximidad a distintos tipos de cursos de agua. Los cambios de dirección del viento también proporcionaban a los marineros información sobre la dirección en la que debían pilotar sus barcos.

La observación del cielo y la ubicación de la luna, el sol y las estrellas proporcionaban a los primeros navegantes una gran cantidad de conocimientos y datos. El navegante menos experimentado podía utilizar la salida y la puesta del sol para navegar hacia el este y el oeste. Con más tiempo en mar abierto, un marino veterano podía trazar su rumbo siguiendo el movimiento de las estrellas.

Se desarrollaron instrumentos para ayudar al navegante durante las horas diurnas, cuando las estrellas no eran visibles. Uno de estos instrumentos era el dial o círculo de marcación. Este dispositivo proporcionaba información sobre la latitud del barco. Se colocaba una clavija vertical en el centro de una plataforma con un puntero. Las sombras creadas en la plataforma indicaban la posición del sol.

Al mediodía, el navegante utilizaba una tabla de sombras solares para verificar su rumbo. Los marineros colocaban la tabla en un recipiente con agua para mantenerla nivelada. Un alfiler o gnomon indicaba la posición del sol. Los círculos del tablero indicaban las regiones hacia las que debían navegar para mantener el rumbo. Si la sombra caía fuera del círculo, el barco había navegado fuera de alcance.

Para obtener información sobre la navegación en días nublados, los marineros escandinavos utilizaban una piedra solar. La calcita, también llamada chispa islandesa, se ponía al trasluz. Según el color de la piedra, los vikingos conocían la posición del sol y la ubicación de su barco.

Piedra solar
ArniEin, CC BY-SA 3.0 <https://creativecommons.org/licenses/by-sa/3.0>, vía Wikimedia Commons; https://commons.wikimedia.org/wiki/File:Silfurberg.jpg

Para compartir los conocimientos adquiridos a través de las experiencias, los vikingos crearon canciones, cánticos y rimas. En estos mantras y melodías se comunicaban las direcciones a distintos lugares. A través de estribillos repetitivos se transmitían las rutas que debían evitarse debido a peligros para la navegación o de otro tipo. La pericia de los escandinavos en la construcción naval, sus conocimientos y herramientas de navegación y los cantos para recordar con facilidad ayudaban a guerreros y comerciantes.

Capítulo 12: Más que guerreros - Comerciantes vikingos

Los vikingos son conocidos por sus habilidades como asaltantes. Para ser merodeadores eficaces, los vikingos necesitaban acceder a otros países para saquear y apoderarse de riquezas y tesoros, por lo que navegaban en barcos que ellos mismos diseñaban y construían. Su increíble habilidad para construir barcos para diferentes vías fluviales y propósitos los convirtió también en comerciantes de éxito. La mayoría de los hombres de la era vikinga navegaban como comerciantes y no como parte de un grupo de asalto. Lo que el pueblo escandinavo no podía producir por sí mismo, lo intercambiaba con otros pueblos y personas.

Los barcos de asalto construidos por los vikingos eran conocidos por su navegabilidad y capacidad para maniobrar ríos y océanos. Con el estilo *clinker*, los vikingos ensancharon los barcos de asalto para crear espacio para la carga y construyeron los navíos *knarr* y *byrding* para el comercio. Algunos barcos comerciales tenían más de seis metros de ancho y veintiuno de largo. Gracias a su capacidad para transportar más de sesenta toneladas de carga, los vikingos obtenían pingües beneficios de sus rutas comerciales.

La caída del Imperio romano de occidente permitió a los vikingos acceder a más rutas comerciales. El comercio vikingo fue esencial para el desarrollo de la economía europea tras la caída de Roma. La ubicación de las tierras escandinavas proporcionó a los comerciantes vikingos un acceso relativamente fácil a diversidad de rutas comerciales. Al oeste, los vikingos podían navegar por las aguas del océano Atlántico Norte hasta Gran Bretaña, Irlanda y España. Hacia el este, los escandinavos atravesaban los ríos Dniéper y Volga para llegar a las tierras de Rusia, Constantinopla y gran parte de Oriente Próximo y Asia.

Normalmente, los comerciantes de la actual Suecia navegaban por las rutas comerciales orientales, y los mercaderes y marineros daneses por las vías fluviales hacia el oeste. Tanto si los comerciantes iban hacia el este como hacia el oeste, solían llevar cargamentos de riquezas escandinavas: pieles, colmillos de morsa, ámbar y hierro. Los que navegaban por las rutas occidentales también eran conocidos por sus incursiones y saqueos. Sin embargo, cuando los asaltantes encontraban ciudades que no eran aptas para el saqueo, esos lugares pasaban a formar parte de la ruta comercial occidental.

Además de establecer rutas y centros comerciales, muchos escandinavos también trasladaron a sus familias a estos lugares. A lo largo de las costas, los escandinavos se asentaron en varias ciudades. Dublín, Normandía y York fueron solo algunas de las ciudades que los vikingos ayudaron a establecer y crecer.

En sus nuevas localidades, los vikingos recién llegados recrearon sus talleres para poder seguir produciendo bienes con los que comerciar. Los comerciantes solían crear cerámica, peines, artículos de cuero, joyas y cuentas de vidrio que antes se fabricaban en Escandinavia. El armamento vikingo también se fabricaba en las ciudades donde se reasentaban los vikingos. Con el tiempo, los escandinavos y los nativos se casaron entre sí.

Cuando los vikingos navegaron hacia el este, lo hicieron impulsados por las mismas motivaciones que en sus incursiones hacia el oeste: asaltar y saquear. Sin embargo, el acceso a las tierras a través de las rutas fluviales limitaba la capacidad de los vikingos para ejecutar con eficacia sus ataques de asalto a ciudades costeras mal defendidas. En sus viajes fluviales, los vikingos eran vulnerables a los ataques por sorpresa. Estas emboscadas y la falta de ciudades o monasterios de fácil acceso para saquear hacían que estas expediciones fueran costosas para los grupos de asaltantes. Para perseguir eficazmente su objetivo de obtener riquezas, los vikingos necesitaban establecer bases desde las que pudieran operar.

Como comerciantes, los vikingos fueron los primeros en navegar por las aguas de los ríos Volga y Dniéper. Se crearon centros y rutas comerciales rentables a lo largo del río Dniéper hasta el mar Negro. Los comerciantes escandinavos navegaron por el río Volga para acceder al mar Caspio. Al igual que en sus viajes occidentales, los vikingos ayudaron a establecer ciudades comerciales a lo largo de estas rutas.

Al final de su época de esplendor comercial, los vikingos construyeron una red comercial que incluía Europa, Rusia, India, Oriente Próximo y partes de China. Los vikingos habían comerciado hasta el mar Báltico antes de ampliar su alcance como comerciantes y asaltantes. Con el desarrollo de sus barcos, los vikingos pudieron atravesar los ríos entre los mares Negro y Caspio.

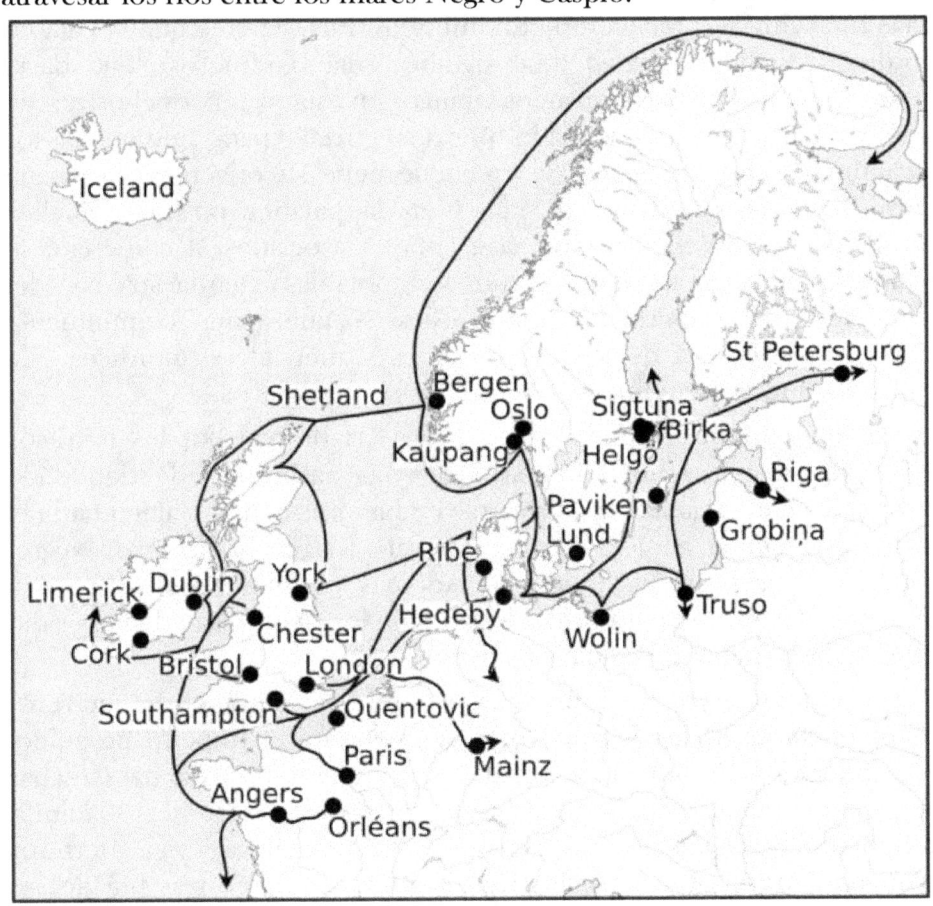

Mapa de las rutas vikingas
*Brianann MacAmhlaidh, CC BY-SA 4.0 <https://creativecommons.org/licenses/by-sa/4.0>, vía Wikimedia Commons;
https://commons.wikimedia.org/wiki/File:Viking_Age_trade_routes_in_north-west_Europe.png*

Con el tiempo, los comerciantes escandinavos recorrieron estas vías fluviales y conectaron con la capital del Imperio bizantino, Constantinopla, que es la actual Estambul, Turquía. Sin la interferencia de los romanos, los comerciantes escandinavos llegaron a la Ruta de la Seda, que daba acceso al Lejano Oriente. A través de estas rutas, los comerciantes escandinavos llevaban plata, tejidos de seda, especias exóticas, vinos y otros tesoros que no se podían conseguir en Escandinavia. Los comerciantes vikingos crearon una red de puertos comerciales que abarcaba el mundo tal y como ellos lo conocían.

Los primeros pueblos escandinavos que se establecieron a lo largo de estas rutas fluviales recibieron el nombre de Rus. Se cree que la palabra nórdica antigua *róþsmenn* (que significa ruta o remeros), que hacía referencia a cómo aparecieron los vikingos en esta región, es el origen de la Rus. Otro término acuñado por los griegos para referirse a los escandinavos fue *varangios*. Se cree que tiene su origen en la lengua nórdica, *Varangian* tiene sus raíces en la palabra *vár* que significa «prenda». Los *varangios* o *varegos*, aunque asociados al comercio, se utilizaban más a menudo como los notables guardaespaldas del emperador del Imperio bizantino. «Rus» se utiliza más comúnmente como nomenclatura de los comerciantes y mercaderes nórdicos. Sin embargo, ambos términos se refieren a los escandinavos.

La ruta comercial del Varang o Volga establecida por los nórdicos atravesaba casi tres mil kilómetros de vías navegables. Partiendo de Suecia, los comerciantes de la ruta navegaban por el mar Báltico hasta el golfo de Finlandia, a través de diferentes ríos y lagos, hasta el mar Negro, para terminar en Constantinopla. Además de una vía de acceso a riquezas y tesoros, el comercio a lo largo de los ríos Volga y Dniéper dio lugar al crecimiento de ciudades y pueblos.

Los comerciantes escandinavos que preferían el papel de guerreros vikingos pudieron servir como mercenarios para el Imperio bizantino. El emperador Basilio II necesitaba urgentemente ayuda para luchar contra tres enemigos. Basilio buscó apoyo en el norte. Vladimir, gobernante de la Rus de Kiev, cercana a Suecia, tenía acceso a guerreros vikingos. Para apoyar a Basilio II, Vladimir compartió seis mil de sus vikingos trasplantados con el emperador bizantino. A cambio, Basilio prometió a su hermana a Vladimir en matrimonio.

Esta fuerza de combate de élite repelió los avances de quienes pretendían derrocar a Basilio. Basilio II creó la Guardia varega, asegurándose de contar con una unidad de protección personal en la que podía confiar. Basilio disolvió sus guardaespaldas griegos en favor de la milicia vikinga. El papel de la Guardia varega variaba, pero siempre estaba dispuesta a cumplir cualquier orden del emperador.

Estos hombres estaban despiadadamente entregados al emperador y acompañaban a Basilio allá donde viajara él o su familia, incluidos los servicios religiosos. La fuerza mercenaria realizaba tareas turbias cuando el emperador se lo ordenaba, y los guardias arrestaban a cualquiera que fuera desleal a Basilio. También actuaban como carceleros en la infame prisión de Nóumera.

Otra unidad de estos temibles combatientes vigilaba los límites de la ciudad. También formaban parte de los varegos bandas de vikingos de élite. Este grupo acompañaba al emperador en la batalla. La habilidad de esta unidad para luchar ayudó a los bizantinos en numerosas batallas. Dado que solo los mejores de los mejores eran aceptados en la Guardia varega, proporcionaba al exclusivo grupo un alto estatus cuando regresaban a sus tierras natales. Ser guardia resultó ser un trabajo muy lucrativo. El atractivo de la batalla y la gloria asociada a la victoria lo convertían en una ocupación deseable. Harald Hardrada, que se convirtió en el rey Harald III de Noruega, luchó en las legendarias filas de estos guerreros vikingos.

Los escandinavos no solo dejaron su huella como guerreros, sino que los comerciantes también transformaron el paisaje con asentamientos establecidos para fomentar el comercio. Gracias a su increíble talento para la construcción naval, los escandinavos eran flexibles a la hora de elegir dónde atracar sus barcos, ya que no necesitaban complejos puertos. Los barcos podían transportarse por tierra cuando era necesario, aunque estuvieran llenos de carga. Los remos se introducían por las ranuras y se utilizaban para elevar las embarcaciones. El comercio y los centros comerciales resultantes fueron una consecuencia de las aventuras de los marineros escandinavos.

Muchas ciudades surgieron junto a puertos naturales, que variaban en tamaño y estatus. Los centros comerciales solían estar situados en lugares céntricos y empezaron a conectar las granjas y zonas pesqueras dispersas. Como las mercancías que se llevaban al comercio eran valiosas, era importante que las zonas en desarrollo estuvieran protegidas; de lo contrario, los comerciantes se negarían a volver a ese lugar.

Los reyes y caciques locales facilitaron la transformación de los mercados en ciudades. Se cobraban impuestos por las mercancías que se compraban y vendían en el mercado. Los dirigentes utilizaban los ingresos procedentes de los impuestos para sufragar los gastos de protección de la ciudad. Los mercados crecían y prosperaban en lugares fácilmente defendibles y accesibles por tierra y mar. Los reyes y los líderes locales también contribuían a la obtención de tierras si no las poseían ya.

Al principio, los mercados solo se abrían para comerciar cuando hacía calor. A medida que crecían, más gente se trasladaba a las ciudades. Los artesanos trasladaron sus tiendas a centros comerciales más grandes. Las granjas rodeaban los mercados, alimentando a los comerciantes visitantes y a la gente que vivía en el pueblo.

Los centros comerciales eran tan rentables que se cree que el rey Godofredo atacó la ciudad de Reric en 808. Reric estaba situada fuera de su jurisdicción, pero una vez que el rey danés eliminó la competencia de Reric, ayudó al crecimiento de Hedeby, en la actual Dinamarca. Los comerciantes que antes vendían sus mercancías en Reric se vieron obligados a trasladarse a tierras dentro de los dominios de Godofredo. Para hacer más atractivo su centro comercial, Godofredo hizo reconstruir el *Danevirke*, un sistema de fortificaciones danés. Esto creó una frontera más segura alrededor de Hedeby.

Otra importante ciudad comercial era Ribe. Situada a orillas del mar del Norte y del río Ribe, los comerciantes de otras zonas podían acceder al mercado gracias al puerto de Ribe. Están apareciendo nuevas pruebas de que Ribe, situada en la actual Dinamarca, fue la primera ciudad escandinava. Los arqueólogos están encontrando pruebas de que Ribe era un centro comercial más de cincuenta años antes de que los guerreros vikingos asaltaran el monasterio de Lindisfarne. Esto sugiere que expediciones procedentes de tierras escandinavas navegaban pacíficamente para importar y exportar mercancías con otras. Ribe creció en tamaño e importancia a medida que aumentaban las incursiones y el comercio vikingos.

También se cree que el centro comercial de Stáraya Ládoga se estableció antes del ataque a Lindisfarne. Situada en la actual Rusia occidental, frente a Finlandia, Stáraya Ládoga unía los mares Báltico y Negro para los comerciantes marítimos. Las investigaciones indican que los primeros comerciantes escandinavos se asentaron en esta ciudad mercantil en la década de 750, mucho antes de la primera incursión vikinga documentada en 793. Al principio, los comerciantes escandinavos llegaban con sus mercancías durante los meses de verano. A mediados del siglo siguiente, los artesanos habitaban la ciudad durante todo el año.

A medida que aumentaba el número de asentamientos escandinavos en las rutas comerciales orientales, estos escandinavos pasaron a ser conocidos como los vikingos del Volga. Sus primeras incursiones en el comercio consistieron en el intercambio de pieles por plata y otros bienes procedentes de Asia central. Los relatos de los árabes Abu'l ibn Khordadbeh y Ahmad ibn Fadlan describen con detalle a los vikingos del Volga, que navegaban por el río Volga y comerciaban en los mercados de esa ruta. Los puestos comerciales del Volga acabaron por asentarse en el río Dniéper y el mar Negro. Una vez que los comerciantes y navegantes alcanzaban el mar Negro, accedían al Mediterráneo y a un nuevo mundo de riquezas.

Los comerciantes escandinavos trataron de extender su influencia más allá de las mercancías que vendían. Establecieron sus propios centros comerciales para poder controlar las mercancías que se comercializaban y recaudar ingresos. Las tierras eslavas y las zonas limítrofes ofrecían artículos muy rentables para comerciar, por lo que los nórdicos empezaron a controlar los asentamientos que surgieron a lo largo de sus rutas comerciales orientales. Esta cadena de ciudades conectadas entre sí se conoce como la Rus de Kiev. Los primeros intentos de los nórdicos por unificar los pueblos encontraron resistencia.

Sin embargo, con el tiempo, los nórdicos se convirtieron gradualmente en los dominadores de las vías fluviales y los mercados, incluyendo un estatus comercial preferente en Constantinopla. Los vikingos orientales utilizaban tácticas diferentes a las de sus contemporáneos que navegaban hacia el oeste, pero les dio buenos resultados, ya que dictaban el flujo del comercio y los artículos comercializados.

En sus conquistas de ciudades comerciales, asaltos a monasterios y aldeas desprotegidas, y tras dominar en las batallas, los vikingos esclavizaban a quienes capturaban. Esto abrió otra vía rentable para los comerciantes escandinavos. Las personas que los vikingos capturaban eran buscadas por los compradores en los mercados de Constantinopla y más al este. Los esclavos vendidos por los vikingos procedían de todas las regiones del mundo conocido.

El trueque sirvió de base para muchos tratos comerciales. Sin embargo, a medida que los vikingos ampliaban sus rutas de incursión y comercio, tenían más acceso a monedas, oro y plata. Los escandinavos crearon sus propios troqueles y acuñaron monedas para utilizarlas en el comercio. Con el tiempo, los vikingos se volvieron más sofisticados y desarrollaron una economía de mercado. Los comerciantes solían llevar sus propias balanzas para asegurarse de recibir la cantidad exacta de plata y bronce a cambio de sus mercancías.

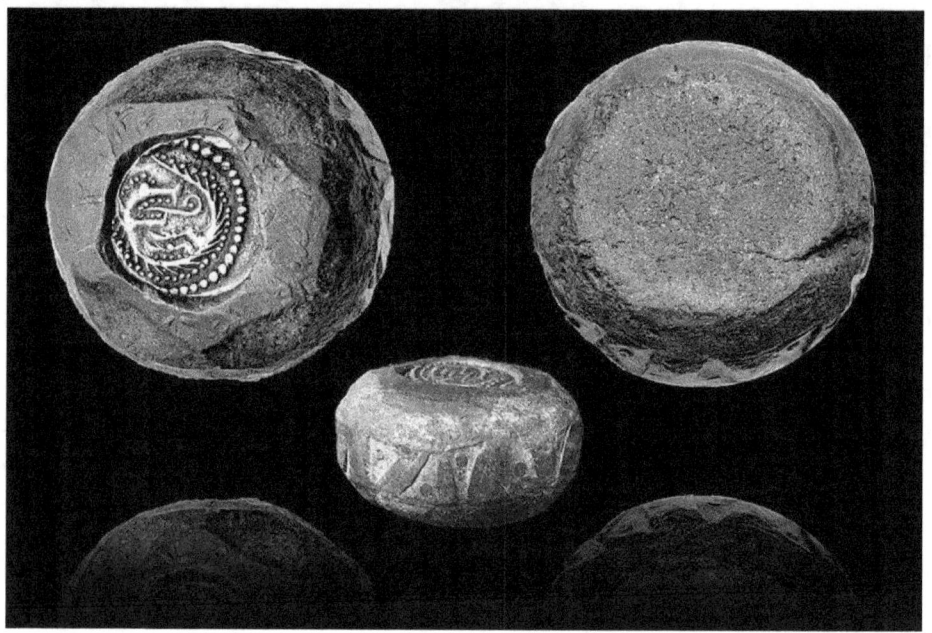

Monedas para el comercio

EttuBruta, CC BY-SA 4.0 <https://creativecommons.org/licenses/by-sa/4.0>, vía Wikimedia Commons; https://commons.wikimedia.org/wiki/File:Viking_weight_combined_only_reflection.jpg

CUARTA PARTE:
Mito y mitología

Capítulo 13: Costumbres, rituales y religión

Los escandinavos que vivieron durante la era vikinga no dejaron ningún texto escrito que los investigadores puedan explorar hoy en día. Gran parte de lo que se sabe o teoriza sobre los escandinavos fue compartido por otras culturas con las que interactuaron. Otra información se escribió años después de la era vikinga. Muchos de los que escribieron sobre ellos y su cultura veían a los vikingos y sus creencias a través de la lente del tiempo y de otras religiones.

Las costumbres, los rituales y las prácticas y creencias religiosas de los vikingos no se celebraban semanalmente en un servicio religioso. Las ceremonias que celebraban o conmemoraban la vida, la muerte o el matrimonio se compartían comunitariamente. Otras creencias diferían de una región a otra y entre los pueblos de una misma zona geográfica. Se adoraba a dioses y diosas similares, pero no había una observancia definida que uno tuviera que seguir. Los creyentes eran libres de adorar a las deidades que fueran relevantes para su vida y experiencias personales. Por tanto, había varias formas de rendir homenaje a los dioses y antepasados.

El jefe local o gobernante de una zona solía dirigir las celebraciones religiosas y rituales de la comunidad. Sin embargo, también podían recurrir a diosas itinerantes o locales. Estas mujeres, también llamadas *völur* o *völva*, poseían habilidades místicas y mágicas. Las veneras escandinavas precristianas eran expertas en la práctica de la magia, denominada *seidr*. Las videntes entraban en un estado de trance que les permitía entrar en el mundo de los espíritus. Entonces se transportaba entre este reino y el siguiente para recoger información que le sirviera para sus profecías.

Grabado de dos *völvas*
https://commons.wikimedia.org/wiki/File:Ed0048.jpg

Los escandinavos creían que las videntes podían ver su destino y manipular los acontecimientos para influir en sus resultados. Con este conocimiento, podía predecir su futuro y trabajar con los aldeanos en la construcción de nuevas experiencias para vivir dentro de su mundo predestinado. La vidente ayudaba a los líderes locales en los actos rituales. La realización de ritos ceremoniales y tradiciones podía propiciar mejores climas y cosechas o éxitos en las batallas.

En las comunidades escandinavas se celebraban ceremonias en torno a acontecimientos vitales clave. El nacimiento era un acontecimiento emocionante pero peligroso. Por ello, la preparación para el parto comenzaba mientras la madre estaba embarazada. Los miembros de la comunidad y la familia entonaban cantos rituales destinados a proteger a la madre y al feto con sus invocaciones a las diosas Frigg y Freya.

Tras el nacimiento del niño, había que aceptarlo en la familia. En primer lugar, el bebé debía mamar del pecho de su madre. Nueve noches después, se realizaba el ritual del padre para reconocer a su bebé. El padre colocaba al recién nacido sobre sus rodillas y lo rociaba con agua. Por último, el padre ponía nombre al niño. Normalmente, se elegían nombres ancestrales o de deidades veneradas localmente.

Tras estos pasos, el niño ya era miembro de la familia. Con la aceptación familiar, el niño tenía los mismos derechos que los demás miembros del clan, como la herencia. Los niños que no eran aceptados por sus padres podían ser expuestos a la intemperie y abandonados a su suerte. Los que nacían con anomalías o en familias que no podían cuidar de un bebé podían optar por dejarlo morir debido a la exposición. Sin embargo, una vez aceptado el bebé, los padres no podían darle muerte; si lo hacían, serían acusados de asesinato.

Otro hecho significativo en el mundo escandinavo era el matrimonio y sus costumbres. Los niños se convertían en hombres cuando pasaban quince inviernos; las niñas estaban en edad de casarse en cuanto cumplían doce años. Antes de empezar a cortejar, se pensaba si el noviazgo acabaría en matrimonio o no. De lo contrario, la familia de la mujer se sentía humillada si el cortejo no terminaba con una propuesta de matrimonio para ella. Si la mujer rechazaba la proposición, la familia del hombre se sentía humillada. Estos sentimientos heridos podían desembocar en represalias violentas.

Una vez que el cortejo florecía, el pretendiente y su familia iban a casa de la mujer. Se hacía una propuesta de matrimonio a la cuidadora de la mujer; no se sabe si ella siempre participaba en la decisión. En esencia, había que acordar un contrato para que el matrimonio siguiera adelante. Como parte de los esponsales, el clan del novio pagaba a la familia de la novia un *mundr* o precio por la novia. El padre de la novia ofrecía un *heimangerð* o dote, que se llevaría a la boda. Los padres de la novia y el novio se daban la mano ante testigos para cerrar el acuerdo, que incluía la fecha de la ceremonia matrimonial.

Normalmente, la boda se celebraba en el plazo de un año desde el apretón de manos. Los matrimonios se celebraban los viernes (día de Freya) para asegurarse de que la diosa del matrimonio otorgaba sus bendiciones de amor y fertilidad. A menudo, la pareja y sus invitados lo celebraban durante tres o más días con elaborados banquetes en casa de los padres de la novia. Las parejas se hacían votos de fidelidad. Una vez que los testigos veían a la pareja en su lecho, el contrato matrimonial se consideraba consumado.

En el mismo lecho conyugal podía iniciarse el procedimiento de divorcio. Los observadores eran convocados por la mujer a su casa. De pie junto al lecho conyugal, la mujer podía manifestar su deseo de divorciarse. A veces, el contrato matrimonial estipulaba las condiciones del divorcio. Los enredos financieros derivados de un divorcio podían dar lugar a largas batallas entre las familias. Sin embargo, los divorcios porque la pareja no tenía hijos podían disolverse sin complicaciones.

Las evidencias de las tumbas proporcionan pistas sobre las ceremonias y rituales en torno a la muerte durante la era vikinga. La mayoría de los escandinavos eran incinerados o enterrados. Muy pocos eran enterrados en barcos vikingos; esas ceremonias estaban reservadas a reyes, reinas o jefes de alto rango. Los investigadores no han encontrado pruebas de que se prendiera fuego a los barcos y se los empujara mar adentro. Las dramáticas escenas de barcos ardientes que se llevan a los difuntos a su otra vida solo se encuentran en los mitos o en el poema épico *Beowulf*.

Las tumbas de la era vikinga que se han localizado muestran que la mayoría de las personas eran enterradas con objetos. Estos objetos variaban en función del estatus de la persona en vida, pero el ajuar funerario incluía joyas, armas y herramientas para ayudar al difunto en su próxima vida. Se cree que los que optaban por ser incinerados eran quemados con su ajuar funerario. Se creía que el humo de la pira ayudaba al difunto en su viaje al más allá.

Un lugar de enterramiento vikingo
Mpravink1993, CC BY-SA 4.0 <https://creativecommons.org/licenses/by-sa/4.0>, vía Wikimedia Commons; https://commons.wikimedia.org/wiki/File:Lindholm_H%C3%B8je_Dec08.jpg

La creencia en la vida después de la muerte se basaba en la percepción del alma. Muchos vikingos creían que el cuerpo de cada persona estaba compuesto por cuatro elementos. Las cuatro partes se complementaban entre sí; ninguna era más valiosa o esencial que otra parte del alma.

El aspecto físico se denominaba *hamr*. Se esperaba que el *hamr* se transformara a lo largo de la vida. La mente de una persona podía influir en su aspecto físico o *hamr*. La creencia en *berserkers* o guerreros cuyo aspecto se alteraba se debía a que la mente o el *hamr* alteraban el cuerpo. Incluso después de la muerte, el *hamr* de una persona permanecía en este mundo.

El *hugr* seguía al alma en el más allá. La identidad o disposición de una persona quedaba plasmada en su *hugr*. La atención y el enfoque de la vida de un escandinavo formaban parte de su *hugr*. Los escandinavos creían que los niños heredaban los rasgos de carácter de sus antepasados.

La *fylgja* era la singularidad e individualidad de una persona. La *fylgja* se representaba con un espíritu tótem. Un animal representaba la *fylgja* de una persona, que era símbolo de su espíritu y *hugr*. Como esta parte del alma era tan distintiva, moría cuando la persona partía de este mundo.

La cuarta parte del alma escandinava era la *hamingja*. Este aspecto eran las tendencias naturales heredadas que continuaban de generación en generación. Esta cualidad ayudaba a dar forma a lo que una persona haría con éxito y a lo que no haría con éxito o le costaría realizar.

Cuando una persona moría, su alma podía ser transportada a diferentes lugares. Quizá el más conocido sea el Valhalla. Los guerreros heroicos entraban en la sala de Odín. Allí, los guerreros se prepararon para la batalla final en el Ragnarök.

El dominio de Freya, Fólkvangr, también albergaba guerreros. Como Freya podía elegir a los que entraban, Fólkvangr, o «campo del pueblo», tenía fama de contar con una reunión más notable de vikingos. Se cree que los guerreros de este reino también pasaban el tiempo preparándose para el enfrentamiento definitivo durante el Ragnarök.

Los escandinavos que no eran vikingos durante su estancia en el reino de los vivos habrían visto su *hugr* transportado a Helheim o Hel. La mayoría de las almas escandinavas vivieron sus días eternos en Helheim. El más allá de Hel está separado de este mundo por puertas y un río. Por lo tanto, después de que un alma entra en Helheim, no puede regresar. Solo la diosa Hel tiene el poder de liberar a una persona de la muerte.

Un mundo de ultratumba específico para los marineros nórdicos se encontraba en el reino de Rán. Rán estaba casada con Aegir, el señor del mar, y su salón en el más allá incluía todos los tesoros que arrebataba a los marineros. Capturaba a los marineros en sus redes y luego los ahogaba, conservando sus almas con ella en el fondo del mar.

Rán introduciendo a un marino en su red
https://commons.wikimedia.org/wiki/File:Ran_by_Johannes_Gehrts.jpg

También se creía que de los túmulos podían emanar fantasmas o cadáveres reanimados. Estos habitantes de los túmulos podían entonces convertirse en seres místicos. Estos espíritus eran *haugbui* y protegían a su familia, o se convertían en *draugr* y abandonaban sus tumbas para crear problemas a sus familiares vivos. Algunos pensaban que los *draugr* eran el resultado de que los miembros de la familia no realizaban correctamente los servicios funerarios.

Para apaciguar a los dioses y diosas, los escandinavos celebraban un *blót*. Esta ceremonia se celebraba al menos cuatro veces al año. Los escandinavos buscaban ser vistos con buenos ojos por los dioses, por lo que, como mínimo, los rituales *blót* se celebraban estacionalmente. En o cerca del solsticio de invierno, el equinoccio de primavera, el solsticio de verano y el equinoccio de otoño, los escandinavos se reunían para celebrar un *blót*. Si un pueblo tenía problemas, se preparaba para la batalla o necesitaba ayuda, se celebraban más *blóts*.

Se celebraban rituales para obtener el apoyo de los dioses. Las ceremonias se celebraban en las tierras del líder o cacique local. Esto permitía al gobernante exhibir su riqueza y poder mientras los aldeanos rendían homenaje a los dioses. Los *blóts* podían dedicarse a cualquiera de los dioses o a todos ellos. Además de rendir respeto a las deidades, los *blóts* también podían dedicarse a los antepasados o espíritus que tenían el poder de ayudar y guiar a la aldea.

Se preparaban banquetes con sacrificios de caballos, vacas o cerdos. La sangre o *hlaut* de los animales sacrificados se esparcía sobre los presentes en la ceremonia y las estatuas de las deidades como representación de la vida y su poder. La comida y la bebida se bendecían ceremonialmente. Después todos se reunían para comer juntos, lo que simbólicamente incluía a los dioses, espíritus o antepasados, en la misma mesa. Se bebían copas de hidromiel en recuerdo de los antepasados fallecidos.

Otra conexión que los escandinavos establecían con los dioses era vivir una vida de honor. Creían que llevar una vida virtuosa les uniría a los dioses. Se esperaba que todos los miembros de la sociedad escandinava siguieran este código.

Entre las virtudes que guiaban a los vikingos estaba el valor. La valentía era recompensada por los dioses. Se esperaba que entraran en batalla sin miedo. Vivir el día a día afrontando y sorteando las dificultades era un objetivo para todos.

En segundo lugar, todos debían decir siempre la verdad. Mentir se consideraba una acción cobarde. Era importante ser sincero con los demás y con uno mismo. Defender los propios principios formaba parte del código de honor. La fidelidad o lealtad a los conciudadanos, guerreros y artesanos era la base de todas las relaciones en el mundo vikingo.

El control sobre las propias acciones o la disciplina era otro principio de las nueve virtudes vikingas. Ser capaz de mantenerse fuerte en situaciones difíciles requería disciplina. Vivir en comunidad, lo que mejoraba el bienestar, era otra creencia. La hospitalidad era necesaria para desarrollar y mantener las relaciones dentro de la propia familia y entre familias. Tratar a los demás con respeto formaba parte de esta creencia, en parte porque nunca se sabía si un dios había tomado forma humana y había llegado a la aldea como un extraño.

La autosuficiencia era otra regla importante. Mantener a la familia sin la ayuda de otros se consideraba una necesidad para ser un miembro protector de la sociedad. Todos debían vivir una vida que aprovechara sus talentos. Conectada a la autosuficiencia estaba la industria. Todas las tareas debían realizarse lo mejor posible. La pereza se consideraba vergonzosa.

Y el noveno principio de su sistema de creencias era la perseverancia. Ante situaciones difíciles y adversas, el sistema de honor vikingo exigía tenacidad. Afrontando con éxito los retos, nace la fuerza de carácter.

Los escandinavos que vivieron durante la era vikinga mezclaban su sistema de creencias con la vida cotidiana. Seguir el código de conducta conectaba a cada persona con su comunidad y sus deidades. Armonizar las acciones e inacciones individuales y sociales mantenía a cada uno en la buena gracia de los dioses y sus vecinos.

Capítulo 14: Las guerras de los dioses

Los escandinavos de la era vikinga creían en muchos seres divinos. Elfos, enanos, espíritus, dioses y diosas guiaban a los vikingos. Las criaturas sobrenaturales tenían cualidades humanas, lo que las hacía más cercanas a los nórdicos (en este caso, los que seguían la religión nórdica, los que vivían en Suecia, Dinamarca y Noruega). Desarrollar y mantener una relación positiva con todos los no mortales era importante. Nadie quería sufrir la ira de una deidad mística.

Los dioses ayudaban a los nórdicos a comprender el mundo natural que los rodeaba. Las acciones de una deidad servían para explicar fenómenos como los meteorológicos. Los océanos y sus mareas, el flujo de los ríos y el surgimiento de las montañas se comprendían a través de las historias de dioses y diosas. Los mitos facilitaban la conexión con los dioses como si fueran vecinos de los vikingos. Como los dioses tenían su propia personalidad, los nórdicos podían apreciar sus propias interacciones con los demás.

La mayoría de los dioses y diosas de la mitología nórdica están relacionados con las tribus Æsir o Vanir. Ambas tribus tienen dioses y diosas similares. Se distinguen más por su enfoque de la vida. La familia Æsir se consideraba más física y protectora. Sus miembros vigilaban y manipulaban el cielo. Los dioses vanir eran considerados más compasivos y orientados a la naturaleza. Cuidaban del mar y de la tierra.

Odín era el dios principal de los æsir. Este clan estaba estructurado de manera similar al mundo vikingo. A los dioses se les asignaba la tarea de velar por el cumplimiento de los acuerdos sociales. Los æsir eran guerreros talentosos y consideraban que la capacidad de luchar era una habilidad esencial. Estos dioses practicaban y se entrenaban en el arte del combate y la guerra, habilidades que utilizaban cuando viajaban por el mundo. Los nórdicos pedían ayuda a estos dioses para las guerras, los nacimientos, los matrimonios, las muertes y las funciones de cada persona en la sociedad.

Los dioses y diosas del clan Vanir tenían una actitud más despreocupada y libre. Eran adeptos a la práctica y aplicación de la hechicería y la magia, por lo que aprendían conjuros y pociones. Su capacidad para hablar con los muertos y utilizar sus habilidades místicas hacía que los demás desconfiaran de ellos. Proporcionaron a los escandinavos una comprensión y apreciación de las estaciones y los fenómenos naturales. Sus normas de comportamiento eran mucho más abiertas y menos definidas. Estas deidades proporcionaban a los nórdicos una visión más *laissez-faire* del mundo.

Los dos clanes de deidades no solían interactuar. Existían pacíficamente y habitaban dos reinos diferentes. Los dioses y diosas de los Æsir vivían en Asgard; Vanaheimr era el hogar de los Vanir. Hasta que Gullveig, una diosa Vanir, entró en el reino de los æsir. Algunos mitos afirman que Gullveig era en realidad Freya disfrazada; muchas otras historias cuentan que Gullveig era una diosa distinta de Freya.

En cualquier caso, la potente magia de Gullveig precipitó la primera guerra de los dioses, que se libró entre los æsir y los vanir.

Al igual que las mujeres terrenales que practicaban el arte mágico del *seidr*, Gullveig viajaba de pueblo en pueblo, encantando a los demás con su potente brujería. Los hechizos y pociones de Gullveig sedujeron a los æsir. Al principio, acogieron a Gullveig en Asgard y la trataron como a una invitada especial. Sin embargo, su magia era tan fuerte que algunos de los æsir ansiaban sus hechizos. Las creencias de su lealtad y honor fueron dejadas de lado, ya que codiciaban su magia.

Algunos en Asgard reconocieron el alcance seductor y peligroso de Gullveig. Temerosos del control que estaba ejerciendo sobre su mundo, los asgardianos reunieron a los miembros del consejo gobernante. Acordaron por unanimidad que Gullveig no podía seguir propagando su *seidr*, por lo que el consejo decidió matarla.

Su primer intento para ejecutar a Gullveig fue usar lanzas. Sin que los verdugos lo supieran, la talentosa hechicera se había hechizado a sí misma. Era inmune a las armas que penetraban en su cuerpo, por lo que sobrevivió.

A continuación, los æsir intentaron quemar a Gullveig en la hoguera. Las llamas la envolvieron, y Gullveig pereció con un dolor insoportable. Una vez más, su formidable talento la salvó, ya que se levantó de entre las cenizas. No dispuestos a reconocer la derrota, los æsir volvieron a intentarlo. Una vez más, Gullveig resucitó de sus brasas moribundas.

Para entonces, los dioses y diosas vanir se habían enterado de su situación. Enfurecidos por las acciones de los æsir, los vanir declararon la guerra. La guerra comenzó con Odín lanzando su lanza contra las tropas de los vanir. Los vikingos imitaron esta acción en sus primeras escenas de batalla. El líder vikingo lanzaba su lanza contra las fuerzas contrarias y anunciaba que las bajas vikingas eran en honor y sacrificio a Odín.

Tras el primer lanzamiento se libraron intensos combates. Con su formación y entrenamiento, se esperaba que los æsir salieran victoriosos. Los æsir lucharon brutalmente contra los vanir. Sin embargo, la habilidad de los vanir en el empleo de las artes mágicas creó una guerra pareja. Los reinos de ambos bandos sufrieron grandes daños. Los mitos posteriores cuentan historias de la reconstrucción de las fortificaciones de Asgard. Ninguno de los bandos cedió.

Odín lanza su lanza contra los vanir
https://commons.wikimedia.org/wiki/File:%C3%86sir-Vanir_war_by_Fr%C3%B8lich.jpg

Al darse cuenta de que nadie ganaría, Odín pidió una tregua. Los dioses que representaban a ambos bandos se reunieron para negociar un tratado de paz. Siguiendo las prácticas vikingas tradicionales, los dos grupos acordaron intercambiar rehenes o dioses capturados. Este acto simbólico debía consolidar aún más las expectativas de coexistir en paz.

En el trato, los líderes æsir enviaron a Hoenir y Mimir a vivir entre los vanir como miembros honorarios. A cambio, Njord y sus hijos, Freya y su hermano gemelo Freyr, fueron a vivir a Asgard con los æsir.

Njord, Freya y Freyr fueron ampliamente aceptados entre los æsir. Freya compartió sus habilidades de *seith* o magia con su nuevo clan. Enseñó magia a otros æsir, incluido el poder de prever acontecimientos futuros. Los tres se asimilaron a Asgard y se convirtieron en dioses y diosas valiosos.

En el mundo Vanir de Vanaheimr, el comercio no fue tan efectivo. Hoenir y su consejero, Mimir, fueron enviados a los vanir para aportar la experiencia que tenían los dioses æsir. Cuando invitaron a Hoenir a proporcionar orientación, este guardó silencio o pidió a los demás su opinión. Los dioses vanir se sorprendieron. Les habían hecho creer que Hoenir sería de gran ayuda.

Lo que las deidades vanir no sabían era que Hoenir era lento de mente. Confiaba completamente en Mimir para que lo guiara. Para ocultar esto a los vanir, Mimir le dijo a Hoenir que no respondiera a las preguntas de los Vanir ni les diera sugerencias. En su lugar, Mimir aconsejó a Hoenir que buscara la opinión de otros. De este modo, nadie sabría que Mimir pensaba por ellos dos.

Tras darse cuenta de que Hoenir no tenía capacidad de pensamiento sin Mimir, los vanir empezaron a sospechar. No confiaban en Mimir y sabían que Hoenir no era un líder sabio. Los vanir creían que los æsir los habían engañado en el tratado de paz, así que mataron a Hoenir y decapitaron a Mimir. Enviaron la cabeza de Mimir a Odín.

Odín fue capaz de revitalizar la cabeza de Mimir aplicando hierbas mágicas y cantando hechizos. Mimir continuó aconsejando a Odín y manteniéndolo informado de los acontecimientos.

Los líderes de los dos clanes volvieron a reunirse para evitar el reinicio de la guerra. Ambas partes se sentían agraviadas por el tratado de paz. Sin embargo, tanto los vanir como los æsir comprendieron que reavivar el conflicto provocaría más luchas encarnizadas y daños a los reinos. Así pues, acordaron continuar la tregua.

Esta paz ceremonial se selló con el arcaico proceso de producir y beber hidromiel. Todos los dioses recibieron bayas. Cada deidad debía masticar las bayas que se le daban. Después, cada una de ellas escupía por turnos las bayas machacadas en un recipiente. Mágicamente, la mezcla de los escupitajos de los dioses se transformaba en Kvasir, que son bayas fermentadas.

Kvasir era extremadamente inteligente y sabio, y viajaba por los nueve reinos del universo, compartiendo sus conocimientos. Respondía con astucia a todas las preguntas que se le planteaban. Kvasir pasó su vida vagando por el cosmos. Transmitía sus conocimientos a todos los que encontraba.

Por desgracia, Kvasir fue asesinado por dos enanos para poder obtener su sabiduría. Fjalar y Galar vaciaron el cuerpo de Kvasir de toda su sangre. Luego llenaron tres recipientes separados con la sangre. Mezclando la sangre con miel, Fjalar y Galar elaboraron un nuevo hidromiel: el «hidromiel de la poesía». Cualquiera que bebiera de este hidromiel especial recibiría parte de la sabiduría de Kvasir y podría crear poemas. Así fue como la poesía llegó al mundo.

La paz entre los vanir y los æsir no se vio afectada por las acciones de los enanos.

Otra parte del acuerdo de las deidades fue compartir la veneración de la humanidad. Los dos clanes se consideraban iguales. Odín se convirtió en el líder de todos los dioses. Los dioses y diosas vanir continuaron residiendo en Asgard, y las deidades vanir conservaron sus residencias en Vanaheimr.

No se esperaba que los dioses entablaran combate de nuevo hasta el Ragnarök. Al final de esta última batalla del mundo, el mundo se acabaría. Existen muchas versiones diferentes del mito; sin embargo, en todas las iteraciones, humanos y dioses sufren consecuencias nefastas.

Los guerreros vikingos más valientes lucharon con Odín. Tras su muerte en el campo de batalla, las valquirias seleccionaban a los combatientes más talentosos y feroces para que residieran y se entrenaran en el Valhalla. En la espectacular sala del Valhalla, los vikingos elegidos se rodeaban de relucientes lanzas y escudos de oro. Cada día, los vikingos se preparaban y practicaban para el Ragnarök. Cada noche, las valquirias ofrecían un festín a los vikingos. Luego curaban todas las heridas infligidas durante sus sesiones diarias de entrenamiento.

Los combatientes recibían señales de la batalla que se avecinaba. Un indicador eran tres años sin verano y guerras en Midgard durante los tres inviernos. A esto le seguiría un invierno brutalmente duro llamado Fimbulvetr; la nieve caería durante todo el año. Tras el gran invierno, el sol dejaría de brillar y calentar la tierra. La gente se desesperaría por conseguir comida y calor, lo que llevaría al abandono de la ética y las leyes mientras la humanidad luchaba por sobrevivir.

Los gigantes serían alertados de que el Ragnarök había comenzado cuando el gallo, Fjalar, cantara su advertencia. Otro gallo despertaría a los muertos. Gullinkambi, el gallo del Valhalla, avisaría a los dioses. Los combatientes se reunirían en Vigrid, el reino de las batallas, donde comenzaría la batalla que acabaría con todas las batallas.

Los lobos, Sköll y Hati, robarán el sol y la luna de los cielos y los devastarán. El estallido de violencia sacudirá las estrellas del cielo. La oscuridad envolverá el mundo, y todos los árboles y montañas se derrumbarán cuando Yggdrasil, el enorme árbol que mantiene unido el cosmos, se sacudirá.

Los lobos persiguen a Sól y Máni
https://commons.wikimedia.org/wiki/File:The_Wolves_Pursuing_Sol_and_Mani.jpg

Loki, que había sido castigado por causar la muerte del dios Balder, fue encadenado a las rocas de una isla. El comienzo del Ragnarök soltará sus ataduras y lo liberará. Entonces abordará y capitaneará el barco Naglfar, que está lleno de gigantes. Loki navegará en el barco, construido con los clavos de los hombres muertos, hacia la batalla. Como la tierra estará inundada, Loki podrá navegar su barco fantasma por donde quiera.

El lobo, Fenrir, se liberará de las cadenas que lo atan. Recorrerá la tierra, causando muerte y destrucción a todos en su camino. Eventualmente, Fenrir se encontrará con Odín. Con sus valientes guerreros del Valhalla a su lado, Odín y Fenrir entablarán una feroz batalla. Sin embargo, Fenrir saldrá victorioso. Vidar, uno de los hijos de Odín, buscará venganza. Vidar lleva un zapato cosido con todos los restos de cuero desechados por los zapateros. La profundidad del zapato permitirá a Vidar abrir la boca de Fenrir. Con la mandíbula del lobo abierta, Vidar clavará su espada en la garganta de Fenrir. Esto matará al feroz lobo.

Jörmungandr, la serpiente que envuelve Midgard, emergerá de las caóticas aguas del mar. Una vez en batalla, Jörmungandr buscará a Thor, su viejo adversario. Con una poderosa estocada de su martillo, Thor masacrará a la enorme serpiente. Antes de morir, Jörmungandr rociará a Thor con veneno suficiente para matarlo.

Loki morirá a manos de Heimdal. El gigante Surt y el dios Freyr perecerán en su lucha. Al final de la lucha, la mayoría de los dioses habrán muerto. Gran parte del mundo arderá, la mayoría de los humanos perecerán y los animales morirán, pero los monstruos abandonarán el mundo. Los restos de la tierra se hundirán en el mar creciente.

Algunos relatos dicen que este es el final, pero en la mayoría de las versiones, la tierra se levanta de su desaparición acuática. La raza humana es repoblada por los hijos de Líf y Lífthrasir. Los dioses Vali y Vidar y los hijos de Thor y Hoenir permanecen para guiar a los humanos. Se trasladan al reino de Idavoll. Balder y Hoder volverán de entre los muertos para unirse a los demás dioses en Idavoll.

Capítulo 15: Los nueve reinos en la mitología nórdica

Los vikingos adoraban a numerosos dioses. Las creencias politeístas permitían y animaban a todos, desde los siervos hasta los jefes, a venerar a diferentes deidades. Los dioses y diosas tenían cualidades humanas que los hacían comprensibles; estas deidades podían incluso morir. Todos los dioses y diosas tenían su propia personalidad. Las imperfecciones y defectos en sus vidas y decisiones los hacían reales para quienes los veneraban.

El sistema de creencias nórdico se articulaba en torno al árbol del mundo o Yggdrasil. De Yggdrasil emanaban los hogares de todos los seres que formaban parte del mundo nórdico. Hoy en día existen diferentes ideas sobre dónde se encontraría cada uno de los reinos en relación con el árbol del mundo. Sin embargo, las investigaciones más actuales coinciden en que los escandinavos creían en Yggdrasil, en los nueve reinos y en los seres que los habitaban.

El árbol del mundo, Yggdrasil
https://commons.wikimedia.org/wiki/File:The_Ash_Yggdrasil_by_Friedrich_Wilhelm_Heine.jpg

En el centro del universo nórdico se encontraba Yggdrasil. El enorme árbol estaba rodeado por los nueve reinos. Estos nueve mundos estaban interconectados y unidos por Yggdrasil. Todas las partes de Yggdrasil eran importantes para mantener este cosmos. La longevidad y la salud del mundo dependían del bienestar del árbol.

La traducción del nombre del árbol es el caballo de Odín. *Yggr* equivale a la palabra «temible», nombre que se utilizaba para referirse al dios Odín. *Drasil*, o «caballo», es la segunda parte del nombre del árbol.

El árbol debe su nombre a la ocasión en que Odín trató de comprender las runas. Para Odín, las runas o letras representaban el conocimiento.

En las ramas superiores de Yggdrasil se encontraba Asgard, el reino de Odín. Desde su posición, podía ver a las nornas, tres mujeres que moldeaban y manipulaban el destino. Las nornas grababan runas en el tronco del Yggdrasil para controlar el destino. Odín estaba celoso de sus poderes y buscó una manera de obtener ese conocimiento para sí mismo.

El mensaje de las runas solo podía ser divulgado a alguien que demostrara ser digno de obtener la sabiduría. Así, Odín se empaló con su lanza. Odín entonces se colgó de una rama de Yggdrasil. Durante nueve días y nueve noches, uno por cada uno de los nueve reinos, Odín quedó colgado del árbol del mundo. Entonces, desde las profundidades de Yggdrasil, las runas revelaron sus formas y significados a Odín. Este conocimiento convirtió a Odín en uno de los dioses más poderosos.

Además de tallar las runas en Yggdrasil que afectaban a los nueve reinos, las nornas eran responsables de asegurar la salud del árbol del mundo. Las nornas rociaban diariamente las raíces de Yggdrasil con agua del pozo de Urd para mantenerlo sano. El barro se recogía de los alrededores del pozo y se utilizaba para reparar las zonas de las raíces dañadas por los animales y la podredumbre. Unas raíces sanas eran esenciales para unir todas las partes del mundo.

Las nornas representaban el pasado, el presente y el futuro. Se llamaban respectivamente Urd, Verdandi y Skuld. Juntas, las tres determinaban el destino de la vida de cada uno. Una norna hilaba el hilo de la vida, la siguiente medía su longitud y la última decidía cuándo debía terminar.

Las reuniones diarias de los dioses se celebraban en el pozo de Urd. Los dioses acudían a las reuniones montados en sus caballos, excepto Thor, que llegaba en su carro tirado por cabras. En estas discusiones diarias, los dioses hablaban de justicia con las nornas. Los nornas plasmaban los planes en su escritura rúnica.

El segundo pozo que alimentaba a Yggdrasil era Mimisbrunni, o pozo de Mimir, que proporcionaba perspicacia y conocimiento. Beber esta potente agua sagrada requería hacer un sacrificio al pozo. Odín cambió uno de sus ojos por la oportunidad de beber del pozo y obtener sabiduría. Visitaba el pozo a menudo para consultar con la cabeza de Mimir. Mimir, el dios de la sabiduría, guiaba a Odín durante sus conversaciones. La raíz de este pozo conducía a Jotunheim, que era la patria de los gigantes de hielo.

Hvergelmir existía antes de tiempo y se creía que era el pozo original del mundo nórdico. Las aguas de este pozo conectaban con el reino de Niflheim, donde los nórdicos creían que surgieron los primeros signos de vida. Cuando el árbol del mundo vivía en el gran vacío o Ginnungagap, la gélida temperatura del abismo congeló el agua y creó Niflheim. Cuando el reino del fuego o Muspelheim surgió cerca de Niflheim, apareció un vapor. Esta niebla fue la progenitora de todos los seres.

El primer gigante conocido, Ymir, surgió de esta niebla. Produjo gigantes adicionales mientras dormía. Las superficies heladas seguían derritiéndose por el calor del que se desprendía Audhumla, una vaca. Para alimentarse, Audhumla lamía el hielo que la rodeaba. El primero del clan Æsir, Buri, fue descubierto en el hielo derretido.

Buri, el progenitor de los dioses, tuvo un hijo llamado Bor. Bor se casó con Bestla, la hija de Bolthorn, uno de los gigantes de hielo. Juntos, Bor y Bestla tuvieron tres hijos. Los tres eran en parte dioses y en parte gigantes. Sus hijos fueron Odín, Vili y Vé.

Los tres hermanos estaban preocupados por la rapidez con la que Ymir podía crear descendencia. Los descendientes de Ymir superaban en número a los seres mitad dioses y mitad gigantes del mundo. Odín y sus hermanos decidieron que debían matar a Ymir para equilibrar mejor el mundo. La sangrienta batalla dio como resultado que la sangre de Ymir ahogara a todos los gigantes excepto a dos: Bergelmir y su esposa. Ellos se convirtieron en los ancestros de todos los gigantes nacidos tras la muerte de Ymir.

Odín y sus hermanos utilizaron los restos de Ymir para erigir el mundo y los otros siete reinos. El flujo de la sangre de Ymir creó los cursos de agua. Su piel y sus músculos se transformaron en suelo y tierra. De sus huesos se formaron montañas. Los dientes de Ymir sirvieron de rocas. La flora y la fauna se formaron a partir de su pelo.

Entonces los hermanos tomaron la cabeza de Ymir y la arrojaron. De sus sesos salieron las nubes, y el cielo se hizo con el cráneo de Ymir. Brasas de fuego fueron arrebatadas de Muspelheim y arrojadas dentro de su cráneo para que sirvieran de estrellas en el cielo.

Aunque Odín y sus hermanos actuaron con rapidez, el cuerpo de Ymir era enorme. Mientras trabajaban, se formaron gusanos en los restos de Ymir. El trío utilizó los gusanos para formar a los enanos. A los hermanos les preocupaba la estabilidad de lo que habían creado, así que eligieron a cuatro enanos para que sostuvieran el cielo. Los cuatro enanos fueron enviados en cuatro direcciones opuestas. Eran los siguientes: Nordi (norte), Sundri (sur), Austri (este) y Vestri (oeste).

Dado que su trabajo se completó con el cuerpo de Ymir, Odín y sus hermanos comenzaron a construir los reinos restantes.

Cerca de Asgard se encuentra Alfheim, o la tierra de los elfos. El dios Vanir Freyr reinaba sobre este reino. Freyr era el dios nórdico de la cosecha, la fertilidad y la caza. Los elfos tenían la responsabilidad de ayudar a Freyr. Tenían la capacidad de influir en la cosecha. Los elfos también podían afectar a la fertilidad impidiendo las posibilidades de embarazo o trabajando para ayudar a la fertilidad.

Los elfos eran criaturas increíblemente bellas e iluminaban su entorno. Su presencia motivaba a otros a crear obras artísticas, como la música y la poesía. Alfheim era visto como un reino de brillo, armonía y calma.

Elfos danzantes, una representación de Alfheim
https://commons.wikimedia.org/wiki/File:%C3%84lvalek.jpg

También conocidos como cuidadores, los elfos podían ser invocados en busca de guía, ayuda y protección. Si uno se encontraba en una crisis, estos ángeles guardianes estarían allí para ayudar.

Odín creó un hogar para sí mismo, Asgard, y lo presidió junto a Frigg. Todos los dioses y diosas del clan Æsir viven en Asgard. El reino albergaba fabulosos palacios y salones. Asgard también albergaba el Valhalla. Esta elegante sala de 540 puertas acogía a los guerreros que morían valientemente en batalla. Los seleccionados por Odín eran transportados al Valhalla por las valquirias. Estas hermosas guías femeninas llevaban a los guerreros a Asgard. Los guerreros no elegidos por Odín iban a Fólkvangr, que se encontraba dentro de los límites de Asgard. Se alojaban en la sala de Sessrumnir y eran gobernados por Freya.

Valaskjálf era otra sala de Asgard construida para Odín. Su techo era de plata pura. Dentro de Valaskjálf está Hlidskjálf, el trono de Odín. Desde esta posición ventajosa, Odín podía ver lo que sucedía en los otros reinos.

Un ardiente puente arco iris llamado Bifrost conectaba los dos dominios de Asgard y Midgard. Cualquiera de los dioses y diosas podía pasar de su mundo al de los humanos. Asgard era un reino de ley y orden. Su entrada estaba custodiada por Heimdal, que protegía el mundo de los dioses.

El reino de todos los guerreros muertos que no eran dignos de Valhalla o Fólkvangr era Hel de Helheim. Aquellos que no vivieron una vida honorable en Midgard también eran enviados aquí. No debe confundirse con el infierno cristiano, Hel estaba dirigido por la hija de Loki, la reina de la muerte, y recibía su nombre.

Presintiendo que los hijos de Loki causarían problemas a los otros dioses, Odín los reubicó fuera de Asgard. Odín trasladó a cada uno de ellos a zonas del mundo donde su capacidad para crear estragos sería minimizada. Hel, que significa «escondida» en nórdico antiguo, fue seleccionada para vivir en Helheim. El hermano de Hel, la serpiente Jörmungandr, fue arrojado al océano que rodea Midgard; su otra molestia, el lobo Fenrir, fue encadenado hasta el Ragnarök.

El acceso a Helheim estaba restringido a un largo y traicionero camino. Atravesar este camino desolado incluía cruzar un río de armas que chocaban entre sí. Una vez que se encontraba el puente por el que cruzar, aparecía, entre la ominosa niebla, la única entrada en el muro que envolvía el reino de Hel.

El hogar o reino de los gigantes (los jötnar) era Jotunheim. Este mundo es descrito como un mundo caótico y sin ley. Estaba situado más allá del reino del orden. A veces, Jotunheim también se conoce como Utgard; otras fuentes describen Utgard como una zona dentro del reino de los gigantes. Dado que Jotunheim albergaba a los gigantes, la extensión de la tierra era enorme, extendiéndose desde Asgard hasta Midgard. El río Iving separaba el ordenado mundo de Asgard del desordenado reino de los gigantes. Aunque Jotunheim es descrito como un mundo con un invierno perpetuo, la mágica vía fluvial nunca se congeló.

Desde el principio de la creación, cuando Odín y sus hermanos mataron a Ymir, los gigantes buscaron venganza. Como adversarios de los æsir, los gigantes combatieron continuamente con Odín y los demás dioses. Con frecuencia, los jötnar intentaron invadir Asgard, deseando matar a los dioses que allí residían. Una vez completada esa tarea, los jötnar secuestraban a las diosas y se las llevaban de vuelta a Jotunheim para casarse con ellas. La mayoría de los dioses y diosas no viajaban voluntariamente a Jotunheim.

Situado entre Jotunheim y Asgard estaba el mundo creado para los humanos. Midgard, o «Tierra del Medio», estaba separada de Jotunheim por Jörmungandr. La serpiente era otro de los hijos de Loki en el que Odín no podía confiar; Odín arrojó a Jörmungandr a los océanos para que viviera hasta la batalla final de los dioses.

Del cabello de Ymir, Odín creó la flora y la vegetación en Midgard. Entonces Odín y sus dos hermanos, Vili y Vé, formaron a los primeros humanos. El trío de hermanos dio forma al árbol de los primeros humanos. Ask, el primer hombre de Midgard, fue formado a partir de un fresno. De un olmo nació Embla, la primera mujer. Todos los demás humanos eran descendientes de Ask y Embla.

El reino del fuego, del que emanaron las chispas que dieron lugar a la creación de Ymir, se conoce como Muspelheim. Surtr, un gigante de fuego, gobernaba este mundo hostil. Enemigo mortal de los dioses Æsir, Surtr espera el día en que pueda prender fuego a los demás reinos. En el fin del mundo, Surtr desempeñará un papel clave en la destrucción de los reinos. Él y sus hijos prenderán fuego a Asgard; también prenderá fuego a Yggdrasil, tratando de destruir toda la vida dentro del árbol del mundo.

También formaba parte del mito de la creación el mundo opuesto a Muspelheim. En Niflheim, o el mundo de la niebla, se encuentra un reino de frío, nieve y hielo. Estos dos reinos dieron origen a Ymir desde el abismo de Ginnungagap, que inició toda la creación. Un manantial situado en Niflheim, Hvergelmir, alimentaba a Yggdrasil y sustentaba toda la vida. El dragón Nidhogg protegía el manantial de la vida. Actuaba como centinela y mantenía separados a muertos y vivos.

A los enanos que surgieron de los insectos del cadáver putrefacto de Ymir se les proporcionó un hogar en Svartalfheim. Dado que emanaban de los insectos del cadáver del gigante, su mundo fue creado para que los enanos pudieran residir en cuevas oscuras y bajo tierra. Aunque eran pequeños de estatura y vivían en un mundo sin mucha luz, producían mucha belleza y magia.

Los enanos eran maestros artesanos expertos en muchos oficios. Eran capaces de fabricar joyas, trabajar como herreros y dar forma a todo tipo de metales. Los enanos dieron a los dioses muchos dones mágicos y poderosos. Se les atribuye la creación de Draupnir, el anillo encantado de Odín, y de su lanza, Gungnir. Para Thor, los enanos crearon Mjolnir, su martillo. Para Freyr crearon un barco que podía plegarse en un bolsillo, *Skidhbladhnir*.

El último de los reinos fue Vanaheimr, el hogar de los vanir. Estos tranquilos dioses se sumergían en el mundo de la naturaleza indómita. Vanaheimr fue donde los vanir continuaron residiendo tras su guerra con los æsir. Los vanir eran conocidos por su capacidad de ver el futuro. Los mortales que vivían en Midgard acudían a ellos para que los ayudaran a obtener buenas cosechas, ya que los vanir podían influir en el sol, la lluvia y el viento.

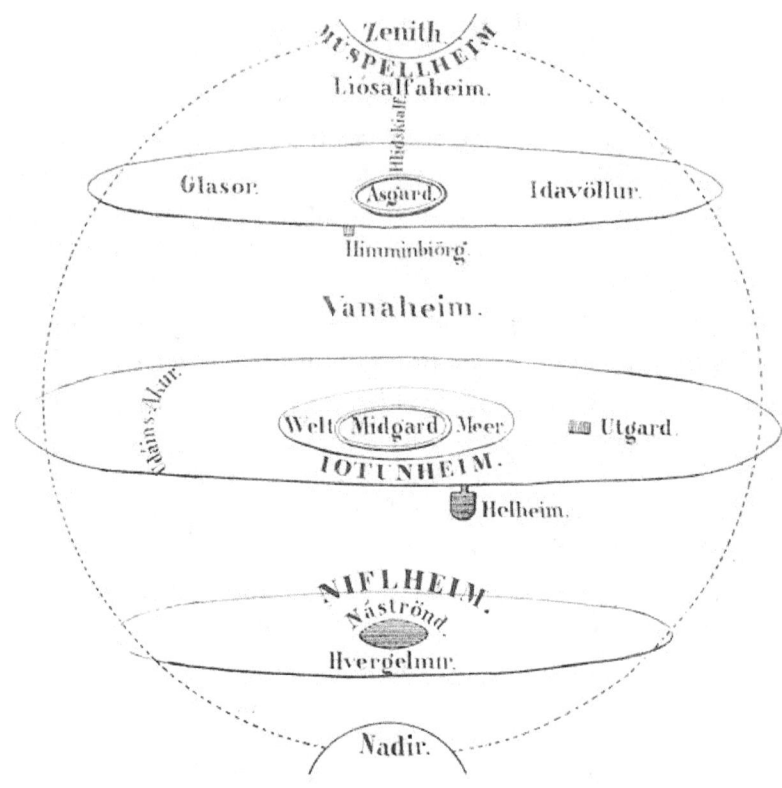

Cosmos de la mitología nórdica
https://commons.wikimedia.org/wiki/File:WHEATON(1844)_The_Cosmos_in_the_Norse_mythology.jpg

Los nueve reinos coexistirán hasta el día del juicio, cuando comience el Ragnarök.

Capítulo 16: Símbolos y posesiones de los dioses nórdicos

Yggdrasil, también conocido como el árbol del mundo, conectaba los nueve reinos del mundo nórdico. Este árbol unía la vida y la muerte, el bien y el mal, el cielo y la tierra. Por ello, el Yggdrasil era uno de los símbolos clave del pueblo nórdico.

Los vikingos creían que el Yggdrasil y otros símbolos eran una forma de pedir ayuda a los dioses. Cada símbolo tenía su propio significado y propósito. Dependiendo de la situación en la que se encontraran o supieran que se iban a embarcar, los vikingos llevaban su símbolo como apoyo y protección.

Un símbolo que los guerreros vikingos creían que les ayudaría en sus viajes de asalto y saqueo era el *vegvisir*. La palabra del símbolo tiene raíces en *vegur*, que significa «camino», y *visir*, que significa «guía». El *vegvisir* también se conocía como la brújula vikinga. Tiene un centro circular del que emanan ocho pentagramas rúnicos. Muchos creen que representan las direcciones de la brújula: cuatro pentagramas corresponden a los cuatro puntos cardinales de la brújula. Los otros cuatro símbolos corresponden a las direcciones entre los puntos cardinales.

Los vikingos empezaron a desarrollar la tecnología de la navegación. Sin embargo, como apoyo adicional durante sus largos y peligrosos viajes, la brújula vikinga se dibujaba en los barcos antes de que zarparan. Se suponía que el símbolo *vegvisir* garantizaba el paso seguro del barco y sus pasajeros. La brújula vikinga no solo ayudaba a los barcos, sino que también la llevaban como amuleto quienes buscaban orientación en la vida.

Otro antiguo símbolo nórdico que proporcionaba protección a su portador era el «yelmo del terror» o *aegishjalmr*. Originaria del nórdico antiguo, la palabra *aegis* significaba escudo, y *hjalmr*, yelmo. Similar en diseño al *vegvisir*, el *aegishjalmr* tiene ocho tridentes que irradian desde un punto central. La postura defensiva de las lanzas con punta de pico da la apariencia de un escudo que protege el centro. A veces, el *aegishjalmr* se representaba con serpientes en el círculo exterior que incapacitaban a sus enemigos antes de atacarlos.

Se creía que el propio símbolo infundía terror a quienes lo veían. Los vikingos grababan el yelmo del terror en sus armas, armaduras y cascos. Algunos guerreros se dibujaban el *aegishjalmr* en la frente con sangre mientras se preparaban para la batalla.

Cuentan los relatos escandinavos que el yelmo del terror perteneció originalmente al gigante Hreidmar. El gigante poseía mucho oro, que había recibido de Odín. Hreidmar había exigido el oro como pago por el asesinato del hijo de Hreidmar a manos de Odín. Cuando Odín le dio el oro al gigante, le echó una maldición. Uno de los otros hijos de Hreidmar, Fafnir, mató a su padre por el oro. Fafnir tomó el oro y el yelmo. Con el poder del yelmo, Fafnir se transformó en dragón para poder guardar sus tesoros de oro.

Yelmo del terror
https://commons.wikimedia.org/wiki/File:Aegishjalmr.svg

El *valknut* es el nudo del guerrero asesinado y a menudo se lo conoce como el símbolo de Odín. Los guerreros vikingos acudían a la batalla con el poder de Odín aplicándose el símbolo del *valknut* en el cuerpo, llevando joyas con él o inscribiéndolo en su armamento. El *valknut* era un símbolo poderoso que ofrecía protección en la batalla. Si un guerrero moría mientras luchaba, seguía protegido con el símbolo del *valknut*. Los guerreros creían que Odín estaría allí en su muerte para recibirlos y saludarlos a las puertas del Valhalla.

Como Odín era un guía espiritual, este símbolo también se consideraba el paso de un reino a otro o de la vida a la muerte. Representado como triángulos entrelazados, el *valknut* también se relacionaba con los nueve reinos de la mitología nórdica. Los tres triángulos crean nueve esquinas o nueve tierras en el árbol del mundo. Cada uno de los triángulos representa distintas esferas del cosmos: el cielo, el infierno y la tierra. Las puntas de los triángulos apuntan hacia el reino de Odín, Asgard.

Similar al *valknut* en su amplio y poderoso alcance era el Mjolnir o martillo de Thor. Este martillo tenía la capacidad de matar y repartir bendiciones. Thor era indomable con el Mjolnir. Los guerreros vikingos llevaban amuletos de Mjolnir para invocar la fuerza y el valor de Thor en la batalla. Estos amuletos son los artefactos que se descubren con más frecuencia en las excavaciones nórdicas. Thor utilizaba el poder de Mjolnir para proteger el reino de Asgard del caos de otros mundos. En su papel de protector de la tierra de los dioses, Thor y Mjolnir mantuvieron a raya la agitación y la confusión con sus decisivas victorias sobre gigantes, troles y otros seres amenazadores.

Mjolnir no solo mantenía a salvo el hogar de los dioses y protegía a los guerreros, sino que el martillo de Thor también era utilizado por el dios para proporcionar bendiciones. Mjolnir tenía el poder de impedir las fuerzas del mal. Con esta protección de Thor, las parejas santificadas en matrimonio recibían el don de la fertilidad. El alcance expansivo de Thor se extendía a la fecundidad en el campo, concediendo al pueblo una cosecha abundante.

Mjolnir fue el resultado de las travesuras del dios embaucador Loki. Siempre causando problemas, Loki decidió molestar a Thor, así que le cortó el pelo a Sif mientras dormía. Sif, la esposa de Thor, tenía una preciosa cabellera dorada. Thor se enfureció por las acciones de Loki. Para defender a su esposa, Thor amenazó con matar a Loki. Como buen embaucador, Loki le prometió a Thor que reemplazaría los magníficos mechones de Sif por otros aún más increíbles. Thor aceptó el trato de Loki.

Loki viajó al reino de los enanos, Svartalfheim. Los enanos eran conocidos por su talento como artesanos. Acordaron entretejer hebras de oro para reemplazar el cabello de Sif. Ella volvería a reinar como la diosa del grano y la fertilidad.

Mientras Loki estaba con los enanos, se burló de ellos. Loki les dijo que no podían hacer más piezas fabulosas de las que ya tenían; sus habilidades habían llegado al límite. Aceptando el reto, los enanos forjaron Mjolnir. Sin embargo, Loki no quería que ganaran el desafío, así que se transformó en una mosca. Zumbaba alrededor e irritaba a los enanos mientras trabajaban. Esto hizo que el martillo de Thor tuviera un mango inusualmente corto.

Aunque el martillo era defectuoso, Thor estaba asombrado de sus habilidades. Loki había cumplido su parte del trato y se le permitió vivir. Para sostener el mango, Thor tuvo que usar sus guantes mágicos de hierro. Mjolnir regresaba a Thor cada vez que lo lanzaba. Con su martillo, Thor era casi invencible.

Imagen del martillo de Thor hallado en Suecia
Ola Myrin, Statens historiska museum/SHM, CC BY 4.0 <https://creativecommons.org/licenses/by/4.0>, vía Wikimedia Commons; https://commons.wikimedia.org/wiki/File:Claes_Kurck_Sk%C3%A5ne_hammer_-_HST_DIG.55488_original.jpg

Los prolíficos enanos crearon otros tesoros para los dioses mientras Loki estuvo en su reino. Como parte de su desafío, los hijos de Ivaldi, que cosieron los mechones dorados de Sif, también crearon otras dos maravillas para los dioses. Una era *Skidhbladhnir*, y el otro tesoro era Gungnir.

El barco, *Skidhbladhnir*, tenía poderes mágicos. Algunos cuentan que Loki se lo regaló al dios Freyr; otras historias dicen que se lo dio a la hermana gemela de Freyr, la diosa Freya. Independientemente de quién fuera el propietario de *Skidhbladhnir*, los hijos de Ivaldi construyeron una nave que podía plegarse tan pequeña que cabía en el bolsillo de una deidad.

Cuando la nave se desplegaba, todo lo que los dioses tenían que hacer era soplar sobre la nave en miniatura, y esta se expandía hasta convertirse en una poderosa nave. Creció tanto que todos los dioses y diosas que vivían en Asgard cabían en ella. Su armamento, equipo de batalla y caballos se guardaban fácilmente a bordo.

Esta nave de los dioses nórdicos transportaba mágicamente a sus pasajeros a cualquier parte. *Skidhbladhnir* podía viajar por tierra y mar en cualquier condición meteorológica. Cada vez que izaba sus velas, *Skidhbladhnir* se aseguraba vientos que lo propulsarían rápidamente y sin esfuerzo hasta su destino. Una vez en su punto final, el barco se volvía a plegar y se introducía en una pequeña bolsa.

Los enanos también fabricaron la lanza letal Gungnir. Loki regaló Gungnir a Odín tras su regreso de Svartalfheim. Al igual que el martillo de Thor, cuando Gungnir era lanzada, volvía a Odín. Además, Gungnir siempre alcanzaba su objetivo y podía atravesar cualquier material.

Odín utilizó esta lanza para apuñalarse a sí mismo cuando colgaba de Yggdrasil para obtener el conocimiento de las runas. Esta lanza especial fue también la que Odín arrojó para iniciar la guerra entre Æsir y Vanir, lo que la convierte en un símbolo de victoria. Los guerreros vikingos reproducían esta acción para iniciar todas sus batallas. Lanzaban la primera espada e invocaban el poder de Odín para que estuviera con ellos en la batalla y en la entrada al Valhalla.

Loki no estaba satisfecho con los tesoros que vio crear a los enanos. Continuando con sus artimañas, Loki embaucó a otros dos enanos para que le hicieran más objetos de valor. Les dijo a Brok y a Sindri (también conocido como Eitri) que había un concurso en Asgard para ver quién tenía más talento: los hijos de Ivaldi o ellos dos. Sin embargo, a estos dos hermanos les costó un poco más convencerlos, así que Loki apostó su cabeza a que Brok y Sindri no tenían tanto talento como los hijos de Ivaldi.

Aceptando el reto, Brok y Sindri crearon tres obras maestras, una de las cuales era Mjolnir. Loki se transformó en una mosca, molestando y distrayendo a los hermanos. Sin embargo, soportaron las distracciones y terminaron las tres piezas.

De una piel de cerdo, Brok y Sindri crearon Gullinbursti, que significa «cerdas doradas». Este jabalí dorado era más rápido que todos los demás animales excepto el caballo de Odín, Sleipnir. Gullinbursti no solo era el segundo más rápido de todos, sino que también podía atravesar todos los elementos, incluidos el aire y el agua.

Sus pelos estaban hechos de oro, por lo que Gullinbursti brillaba con destellos de luz en la oscuridad. Desde Gullinbursti brillaba una luz que guiaba a Freyr por las tierras envueltas en la oscuridad. Este resplandor simbolizaba la iluminación del camino de los guerreros en la batalla. Muchos vikingos dibujaban la imagen de Gullinbursti en sus armas antes de las batallas. Se creía que los jabalíes eran espíritus asistentes que escoltaban a los dioses para proporcionarles protección y buena fortuna.

Dibujo de Gullinbursti y Freyr
https://commons.wikimedia.org/wiki/File:Freyr_by_Johannes_Gehrts.jpg

A continuación, los hermanos fabricaron un increíble anillo llamado Draupnir. Cada nueve noches, Draupnir «goteaba» ocho brillantes anillos de oro. Cada uno de los anillos recién creados que caían del forjado por los enanos tenía el mismo tamaño y la misma cantidad de oro. Aunque los últimos anillos no podían replicarse a sí mismos, proporcionaban a su dueño grandes cantidades de oro.

Odín, el dios de la abundancia, poseía ahora una forma de obtener más riqueza. Más riqueza equivalía a más poder. Los anillos también representaban un signo de fidelidad, que Odín esperaba de los que vivían en Asgard con él.

Cuando Balder, el hijo de Odín, murió como resultado de las acciones de Loki, Odín colocó a Draupnir en el barco funerario de Balder. Esto es visto como una señal de que Odín se dio cuenta de que el Ragnarök pronto comenzaría. Colocar el anillo en la pira fue la señal de Odín de la transición a los nuevos líderes que surgirían.

Otro símbolo relacionado con Odín y los líderes vikingos que sirve de puente entre el mundo nórdico y el más allá es el cuervo. Los cuervos eran representaciones visuales de la transformación que se producía con la muerte y aparecían tras las batallas para darse un festín con los combatientes fallecidos.

Otros líderes del mundo nórdico colocaban símbolos de cuervos en estandartes y armamento. Los cuervos eran percibidos como aves astutas. Su capacidad para observar todo lo que los rodeaba las hacía valiosas para los vikingos. Reyes, guerreros y marineros creían que los cuervos podían verlo todo.

Cuando los vikingos viajaban por el mundo, lo hacían con cuervos. Los cuervos iban enjaulados en los barcos. Cuando los vikingos necesitaban saber si estaban cerca de tierra, liberaban a los cuervos de sus jaulas. Si había tierra cerca, los cuervos volaban en esa dirección. Si no había tierra en las cercanías, los cuervos volaban de vuelta al barco.

Los cuervos gemelos de Odín eran Hugin y Munin. Durante el día, volaban a cada uno de los reinos. Con su aguda perspicacia y su capacidad para entender el lenguaje humano, Hugin y Munin informaban de todos sus hallazgos a Odín al final de cada día. También servían como mensajeros, transmitiendo mensajes de otros dioses y diosas, seres sobrenaturales, enanos o gigantes a Odín.

Tapiz de Odín con Hugin y Munin
https://en.wikipedia.org/wiki/File:Odin_hrafnar.jpg

Hugin, que significa pensamientos, y Munin, que significa memoria, representan el deseo de Odín por el conocimiento y el aprendizaje. Para los vikingos, los cuervos suponían una conexión con sus antepasados. Mantener a los familiares fallecidos en el pensamiento y la memoria servía de guía a los humanos.

Estos y otros símbolos ayudaban a los escandinavos a comprender su mundo. La creación de representaciones visuales de los dioses, las diosas y sus mundos les proporcionaba una sensación de propósito y control. Aunque en la mitología nórdica se hace referencia a estos dioses y diosas como personajes, para la gente de la era vikinga, estas figuras eran partes reales de su religión. Sus creencias sostenían a los escandinavos en las batallas, la vida cotidiana y la muerte. Estas imágenes proporcionaban esperanza para el futuro y motivos para celebrar la felicidad en la vida.

Conclusión

Los vikingos y los escandinavos nos han dejado un tesoro. Aunque la situación en la que se encontraban los escandinavos es muy diferente de la nuestra, existen similitudes en la experiencia humana. Los vikingos tenían sueños y esperanzas, al igual que cada persona en el mundo de hoy tiene esperanzas y sueños. En todas las épocas ha habido obstáculos. La lección que podemos aprender es cómo la gente perseveró y se adaptó.

Hay muchos mitos sobre los vikingos que no están respaldados por la investigación. Uno de ellos es el casco con cuernos. Los guerreros vikingos eran demasiado prácticos para malgastar materias primas en añadir un elemento que no les protegía ni hería al enemigo. El casco con cuernos es en realidad obra de un diseñador de vestuario llamado Carl Doepler. El diseñador introdujo elementos germánicos en sus creaciones para *El anillo del nibelungo* de Wagner.

Los dioses nórdicos ocupan un lugar destacado en nuestros días de la semana. El martes lleva el nombre de Tyr, el dios nórdico de la guerra; Odín o Woden, el rey de los dioses, nos da el miércoles; y el jueves es para Thor, el dios del cielo y el trueno. Todos los días estamos conectados con los vikingos. Y leyendo más sobre sus hazañas y mitos, podemos encontrar nuevas formas de conectar con ellos.

Vea más libros escritos por Enthralling History

Bibliografía

Bibliografía de la Primera Parte consultada a partir del 19 de agosto de 2022

https://www.english-heritage.org.uk/visit/places/lindisfarne-priory/History/viking-raid/

https://www.englishmonarchs.co.uk/vikings_8.html.

https://www.followthevikings.com/discover/origins.

https://www.historic-uk.com/HistoryUK/HistoryofBritain/Invaders/

http://www.historyofyork.org.uk/themes/viking-invasion

https://www.jorvikvikingcentre.co.uk/the-vikings/

https://www.lifeinnorway.net/scandinavia-before-the-vikings/

https://www.medievalists.net/2021/11/where-did-the-vikings-go-the-decline-of-norse-piracy/

https://www.norden.org/en/information/history-nordic-region "The history of the Nordic Region"

https://nordicperspective.com/history/vikings/viking-origin-story

http://www.scandinavianarchaeology.com/the-vendel-period-the-golden-age-of-the-norse/

https://scandinaviafacts.com/scandinavia-before-the-vikings/

https://weaponsandwarfare.com/2020/07/06/the-great-raid-of-hastein-and-bjorn-ironsides/

https://www.worldhistory.org/article/1321/william-the-conqueror--the-ely-rebellion/

https://www.worldhistory.org/Vikings/

Lassieur, Allison. *The Vikings.* San Diego: Lucent Books 2001.

Bibliografía de la Segunda Parte consultada de agosto a octubre

https://www.britannica.com/topic/Viking-people

https://en.natmus.dk/historical-knowledge/denmark/prehistoric-period-until-1050-ad/the-viking-age/power-and-aristocracy/

https://www.followthevikings.com/discover/culture/viking-literature-and-the-oral-tradition

https://www.historyonthenet.com/viking-society-nobles-medieval-freemen-slaves

https://www.hurstwic.org/history/articles/society/text/social_classes.htm

Lassieur, Allison. The Vikings. San Diego: Lucent Books 2001.

https://www.legendsandchronicles.com/ancient-civilizations/the-vikings/viking-food-and-diet/

https://skjalden.com/viking-social-classes/

https://smarthistory.org/viking-art/

https://sonsofvikings.com/blogs/history/viking-lore-a-quick-intro-to-norse-eddas-and-sagas

https://www.thingsites.com/what-is-a-thing

http://viking.archeurope.com/runes/the-rok-runestone/

https://www.worldhistory.org/Viking_Art/

Bibliografía de la Tercera Parte consultada de octubre de 2022 a diciembre de 2022

Berger, Melvin and Gilda Berger. *The Real Vikings.* National Geographic 2003 Belgium

https://www.berganza.com/periods_viking.html

https://www.britainexpress.com/History/battles/index.htm

https://en.natmus.dk/historical-knowledge/denmark/prehistoric-period-until-1050-ad/the-viking-age/weapons

https://www.historyonthenet.com/viking-weapons-and-armor

https://www.medievalchronicles.com/medieval-history/medieval-history-periods/vikings/famous-viking-battles/

https://regia.org/research/ships/Ships0.htm

https://www.science20.com/the_conversation/vikings_were_craftsmen_too-153378

https://theconversation.com/vikings-were-pioneers-of-craft-and-international-trade-not-just-pillaging-37599

https://vikingsna.org/viking-crafts/

https://viking-styles.com/blogs/history/viking-battles

https://workingtheflame.com/viking-battles/

Bibliografía Cuarta Parte consultada de diciembre de 2022 a enero de 2023

https://www.celebratepaganholidays.com/general/11-core-nordic-religion-principal-beliefs

Clare, John D. *I Was There – Vikings*. The Bodley Head Children's Books London 1994.

https://englishhistory.net/vikings/viking-burials/

https://www.hurstwic.org/history/articles/mythology/religion/text/practices.htm

https://lufolk.com/blogs/vikings-and-norse-mythology/skidbladnir-best-ship-in-norse-mythology

https://www.newworldencyclopedia.org/entry/Asgard

https://norse-mythology.org/

https://www.su.se/english/news/new-interpretation-of-norse-religion-1.543297

https://thevikingherald.com/article/the-most-important-viking-symbols-a-primer/318

https://vikingr.org/norse-cosmology/yggdrasil

Yasuda, Anita. Explore Norse Myths. White River Junction, VT. Nomad Press, 2015.

https://www.worldhistory.org/article/1836/ten-norse-mythology-facts-you-need-to-know/

www.ingramcontent.com/pod-product-compliance
Lightning Source LLC
Chambersburg PA
CBHW070331010526
44107CB00004B/493